Rosa-Luxemburg-Stiftung

Texte 51

Rosa-Luxemburg-Stiftung

STEPHAN KAUFMANN

Investoren als Invasoren

Staatsfonds und die neue Konkurrenz
um die Macht auf dem Weltmarkt

Karl Dietz Verlag Berlin

Stephan Kaufmann:
Investoren als Invasoren.
Staatsfonds und die neue Konkurrenz um die Macht auf dem Weltmarkt
(Reihe: Texte / Rosa-Luxemburg-Stiftung; Bd. 51)
Berlin: Karl Dietz Verlag 2008

ISBN 978-3-320-02158-0

© Karl Dietz Verlag Berlin GmbH 2008

Satz: Elke Sadzinski
Umschlag: Heike Schmelter, unter Verwendung eines Fotos
von iStockphoto.com/Christian Nasca
Druck und Verarbeitung: MediaService GmbH BärenDruck und Werbung
Printed in Germany

Inhalt

Einleitung

Insbesondere seit Mitte der neunziger Jahre sind deutsche Regierungen bemüht, ausländisches Kapital nach Deutschland zu holen. Der Zufluss – bzw. sein Ausbleiben – galten lange als Mangel des Standortes, der durch Steuersenkungen, Senkung des Lohnniveaus, die Kürzung von Sozialausgaben und Abgaben – also durch die Verbesserung der Investitionsbedingungen – und Liberalisierung der Finanzmärkte sowie Entflechtung der ›Deutschland-AG‹ behoben werden sollte. Dies brachte zwar zunehmend ausländische Investoren nach Deutschland, doch nicht immer waren sie willkommen. Auf Kritik stießen zum Beispiel Hedge-Fonds und Private-Equity-Gesellschaften aus den USA und Großbritannien. In der so genannten ›Heuschrecken-Debatte‹ des Jahres 2006 wurden sie unter den Verdacht gestellt, zwar zu investieren, aber mit ihrem Geschäftsmodell der deutschen Wirtschaft eher zu schaden.

Im Folgejahr dann sahen Politiker, Manager und Journalisten Deutschland gar in einen Belagerungszustand versetzt. Die Bedrohung kam diesmal nicht aus dem Westen, sondern aus dem Osten: Die Regierungen Chinas, Russlands und des Nahen Ostens, hieß es, schickten ihre Staatsfonds aus – mit Milliardensummen gefütterte Investmentvehikel unter staatlicher Aufsicht, die in Europa und den Vereinigten Staaten Unternehmen aufkauften und sich darüber nicht nur die produktive Basis, sondern auch die politische Macht der etablierten Industrienationen aneignen wollten. Mit den Staatsfonds entstehe »ein global operierender Industriezweig staatseigener Fonds, der beinahe doppelt so groß« sei wie die Hedge-Fonds-Branche, »Vermögensverwaltungsstrategien nach freiem Ermessen einsetzt und für die Außenwelt praktisch nicht transparent ist« (Kern 2007, 3).

Die globale Wirtschaftswelt scheint plötzlich Kopf zu stehen: Nicht mehr die alten Industriestaaten agieren als bestimmende Subjekte des Weltmarkts, gewähren Kredite, verteilen Investitionen und verleiben sich Unternehmen aus Entwicklungs- und Schwellenländer ein. Stattdessen gewahrt man einen Paradigmenwechsel von einem Wirtschaftsgefüge, in dem Anleger aus den wohlhabenden Industrieländern rund um den Globus zu investieren pflegen, hin zu einer Situation, in der die Regierungen der Schwellenländer westliche Unternehmen unter ihre Kontrolle bringen. »Die größte Ironie des Internationalen Finanzsystems«, nennt der ehemalige US-Finanzminister Lawrence Summers den Kapitalzustrom aus den Entwicklungs- in die Industrieländer. Westliche Politiker warnen vor dem nationalen Ausverkauf und davor, undemokratische Regierungen in China, Nahost oder Russland könnten ihre neue ökonomische Macht nutzen, um die Industriestaaten ihrem Willen zu unterwerfen. Investoren mutieren zu Invasoren. Lautete der Verdacht gegenüber den ›Heuschrecken‹ noch, ihnen ginge es um die Erzielung einer Maximalrendite um jeden Preis, so befürchtete man bei den

Staatsfonds, ihnen könnte es am Ende gar nicht mehr um Rendite gehen, sondern um politischen Einfluss auf die etablierten Industriestaaten.

In Sprache und Terminologie erinnert die Staatsfonds-Debatte daher nicht zufällig an Kriegsberichterstattung. Vergessen scheinen die Zeiten zu sein, in denen betont wurde, der freie globale Kapitalverkehr komme allen zugute, und die wirtschaftliche Verflechtung zwischen Staaten verhindere kriegerische Auseinandersetzung – schließlich stehe für alle zuviel auf dem Spiel. Stattdessen wird davor gewarnt, dass staatliche Fonds aus dem Ausland »nach westlichen Unternehmen greifen«, »mühevoll« hätten westliche Länder »Staatsunternehmen wie Post und Telekom privatisiert, nun könnten diese zur Beute ausländischer Staatskonzerne werden« (Süddeutsche Zeitung 17. 8. 2007). »Erbarmen, die Scheichs kommen!«, klagt die Zeitschrift Euro am Sonntag (16. 12. 2007), denn mit ihren Investitionen in Europa und den USA »bauen die arabischen Herrscher heimliche Weltimperien auf« (Manager-Magazin 6/2007). Für die Schwellenländer seien Staatsfonds eine machtvolle Waffe im globalen Wirtschaftskrieg: »In Zukunft werden gigantische Gläubiger aus Asien das Zepter übernehmen. Liquide Staatsfonds aus dem Osten werden sich verstärkt an kränkelnden Unternehmen im Westen beteiligen. Sie beherzigen damit das alte chinesische Strategem: Warte auf den erschöpften Feind« (Manager-Magazin, 31. 1. 2008). Geschürt wird insbesondere die Furcht vor China, aber auch Russlands Präsident »Wladimir Putin hat ein neues Machtinstrument entwickelt, das man durchaus als ›Economic Warfare‹ bezeichnen kann. Der Kreml nutzt nämlich rücksichtslos seine wirtschaftliche Macht, um russische Interessen durchzusetzen« (FTD 28. 1. 2008). Bald schon könnte Russland in Europa »das Licht ausknipsen« (Der Spiegel 2. 7. 2007).

Je länger die Debatte läuft, umso größer scheint die finanzielle Macht der Schwellenländer-Fonds zu werden. »Der Osten kauft den Westen (Welt 12. 12. 2007), denn aufgrund der hohen Exporteinnahmen dieser Länder könnten »Staatsfonds auf schier unbegrenzte Mittel zurückgreifen« (Euro am Sonntag 16. 12. 2007), hieß es, »Chinesen und Russen sitzen auf Milliarden-Reserven« (Süddeutsche Zeitung 17. 8. 2007), ihre »Staatsfonds horten mehr Geld in ihren Goldspeichern als Dagobert Duck in Entenhausen« (Handelsblatt 24. 12. 2007). Damit galten sie vielen als Gefahr für Deutschlands Souveränität, für das globale Machtgleichgewicht, ja sogar für die Stabilität des Weltfinanzsystems.

Den Warnern gegenüber stehen wiederum jene, die im Aufstieg von Staatsfonds nichts Besonderes und auch nichts Gefährliches erkennen können. Staatsfonds gebe es schon lange, hieß es, sie seien lediglich Folge eines überfälligen Aufholprozesses einiger Schwellenländer und ihre Investitionen im Westen ein Mittel, die globalen Ungleichgewichte wieder auszubalancieren. Spezielle Schutzmaßnahmen seien daher nicht nur unnötig sondern sogar schädlich, weil sie Deutschland vom dringend benötigten Kapitalstrom aus dem Osten abschneiden würden. Dennoch bildete die Bundesregierung, unter reger Anteilnahme von Medien, Politikern, Ökonomen und Unternehmerverbänden (die Gewerkschaften blieben der Debatte weitgehend fern) eine Arbeitsgruppe, die Maßnahmen zum Schutz heimischer Industrien formulierte.

In diesem Text soll nun die Welt der Staatsfonds und ihre Stellung innerhalb der globalen Finanzmärkte untersucht werden. Wie mächtig sind diese ›Sovereign Wealth Funds‹ (SWF) wirklich, woher kommen sie, wie funktionieren sie, und was sind – vermutlich – ihre Ziele? Worin besteht die Sorge hiesiger Politiker, und was haben sie unternommen?

Im *ersten Kapitel* wird das zwiespältige Verhältnis dargestellt, das Politiker generell zu Auslandsinvestitionen einnehmen. So ist einerseits zwar die Attraktion ausländischen Kapitals ein eigener Politik-Zweck, der zur Stärkung des Kapitalstandortes dienen soll; andererseits aber spielt in der politischen Einschätzung dieser Investitionen ihre nationale Herkunft eine große Rolle. Erklärt wird, warum dies so ist und welche Bedenken ausländischem Geld entgegengebracht werden.

Im *zweiten Kapitel* werden Staatsfonds als eine zwar nicht ganz neue, aber aufstrebende Investorenklasse dargestellt – ihre Herkunft, ihr Zweck, ihr Wachstum und ihr potenzieller Einfluss.

Die Bedenken gegenüber Staatsfonds spiegeln letztlich Bedenken gegenüber den hinter diesen Fonds stehenden Staatsgewalten wider. In der Staatsfonds-Debatte ging es hier insbesondere um die rohstoffexportierenden Staaten des Nahen Ostens sowie um die so genannte BRIC-Gruppe: Brasilien, Russland, Indien, China. *Kapitel Drei* zeigt, welchen Stellenwert diese Staatengruppen inzwischen eingenommen haben und welche Konflikte diese neue globale Machtgeografie mit sich bringt, von denen die Staatsfonds-Debatte ein Teil ist.

Kapitel Vier schließlich stellt die Diskussion um die Folgen der Staatsfonds dar, die Bedenken der Industrieländer, die Abwehrmaßnahmen, die sie bereits zur Verfügung haben, die deutsche ›Nachrüstung‹ in Sachen Schutz einheimischer Unternehmen sowie die Reaktion der EU und der Schwellenländer auf die Debatte.

Kapitel Fünf, das Fazit, gibt schließlich Antwort auf die Frage nach dem Zweck und den Erträgen der Debatte um Staatsfonds für Länder wie Deutschland. Deutlich gemacht werden soll einerseits, dass sich Deutschland keineswegs einem ›Angriff‹ aus dem Osten gegenübersieht, gegen den es sich schützen muss; und andererseits, dass in der aktuellen weltwirtschaftlichen Konstellation die ›Front‹ nicht allein zwischen Industrie- und Schwellenländern verläuft. Der Aufstieg der Schwellenländer und ihrer SWF, die US-amerikanische Instrumentalisierung der Weltwirtschaft für den ›Krieg gegen den Terrorismus‹ und der aufkeimende ›Wirtschaftspatriotismus‹ in den Industriestaaten sind vielmehr Zeichen und Folgen einer sich verschärfenden Konkurrenz um die globalen Profitquellen, in der die alten Regeln des Geschäftsverkehrs Stück für Stück revidiert werden.

Ausländisches Kapital – bedingt willkommene Akkumulationshilfe

Vom Nutzen des Auslandskapitals

Das Kapital ausländischer Investoren ist in Deutschland grundsätzlich sehr willkommen. Die Politik der verschiedenen Bundesregierungen zielte in der Vergangenheit explizit darauf ab, nicht nur die Akkumulationsbedingungen für deutsche Unternehmen zu verbessern, sondern auch darauf, ausländisches Geld anzuziehen. »Ausländische Direktinvestitionen tragen zu Wachstum und Beschäftigung bei«, so das Bundeswirtschaftsministerium[1], das mit ›Invest in Germany‹ eine eigene Bundesgesellschaft gegründet hat, die »das Ziel (verfolgt), das Image des Standortes Deutschland im Ausland zu verbessern und damit das Interesse ausländischer Firmen an Arbeitsplatz schaffenden bzw. sichernden Investitionen in Deutschland zu wecken bzw. zu verstärken«.

Die Verbesserung der Wachstumsbedingungen für inländisches Kapital wie auch die Attraktion ausländischen Kapitals fassen sich unter dem Stichwort ›Standortpolitik‹ zusammen, wobei angesichts der unterschiedlichsten Politikmaßnahmen – von Steuersenkungen über Sozialreformen bis zur Senkung von Lohnkosten – das Konzept des ›Standorts‹ nur als *Kapital*standort verstanden werden kann. Als marktwirtschaftlich verfasste Staaten stehen die Nationen also in Konkurrenz um die Attraktion weltweit zirkulierenden Kapitals. »Vor dem Hintergrund eines sich weiter verschärfenden weltweiten Wettbewerbs um Investoren wird daher das Marketing für den Wirtschafts- und Technologiestand-ort Deutschland verstärkt.«[2]

Die Gründe für die Attraktion ausländischen Kapitals liegen auf der Hand – schließlich ist Kapital für Unternehmen in der Marktwirtschaft der ›Rohstoff‹ schlechthin. Mit der Erschließung ausländischer Geldquellen sollen in Deutschland neue Unternehmen oder Produktionsstätten aufgebaut oder bereits bestehende Unternehmen erweitert, restrukturiert oder rentabler gemacht werden. Im Falle einer Übernahme eines inländischen Unternehmens durch ausländisches Beteiligungskapital erzielt der Inländer einen Ertrag, gleichzeitig wird Geld frei für andere Investitionen[3]. Kerstin Andreae, Grünen-Bundestagsabgeordnete und wirt-

---

1 Bundesministerium für Wirtschaft und Technologie: Investieren in Deutschland.
   www.bmwi.de/BMWi/Navigation/Aussenwirtschaft/investieren-in-deutschland.html

2 Ebenda.

3 In der öffentlichen Diskussion werden diese Vorteile des Kapitalzustroms meist mit dem Symbol ›Arbeitsplätze‹ umschrieben – je mehr Geld nach Deutschland fließe, umso mehr Jobs könnten ›geschaffen‹ werden, heißt es. Dies ist offensichtlich irreführend, da das ›Schaffen‹ von Arbeitsplätzen bestenfalls ein Nebeneffekt oder ein Mittel, aber kein eigener Zweck marktwirtschaftlicher Investitionen ist.

schaftspolitische Sprecherin, weist daher darauf hin, dass »eine Beschränkung des freien Kapitalverkehrs und die hieraus resultierende Verschlechterung des Zugangs zu Finanzierungsmöglichkeiten für deutsche Unternehmen ... in ihren Auswirkungen einer massiven Rationierung von Krediten vergleichbar (ist)« (Andreae 2007, 8). Und schließlich gilt im internationalen Geschäftsverkehr das Prinzip der Reziprozität, das heißt: Deutsche Unternehmen dürfen im Grundsatz nur in anderen Ländern investieren, wenn Deutschland sich seinerseits für Auslandskapital öffnet. Die Liberalisierung des nationalen Kapitalverkehrs ist also die Bedingung, um weltweit von Anlagemöglichkeiten zu profitieren. »Rund 800 Mrd. Euro deutscher Investitionen im Ausland im Jahr 2005 standen 400 Mrd. Euro ausländischer Investitionen im Inland gegenüber. Deutschland ist selbst stark auf Investitionsmöglichkeiten in anderen Staaten angewiesen« (Andreae 2007, 11).

Dennoch existieren gewisse Vorbehalte gegenüber bestimmten Investoren, die sich aus der Nationalität des Investors ableiten[4]. Kapital ist gut, aber es kommt auf den Besitzer an. Grund für die selektive Behinderung ausländischer Investitionen kann einerseits sein, Unternehmen aus missliebigen Staaten den Zugriff auf Einnahmequellen zu verwehren[5]; oder aber der Schutz so genannter ›strategischer Sektoren‹.

›Strategischer Sektor‹ – was ist das?

Was ein ›strategischer Sektor‹ ist, lässt sich allgemein nicht exakt definieren. Regierungen bestimmen derartige Sektoren jeweils unterschiedlich. Die Definition eines Sektors als ›strategisch‹ bedeutet, dass ein Staat dort die gängigen Regeln des Geschäftsverkehrs nicht uneingeschränkt gelten lässt. Er interveniert und beschneidet so die Freiheit des Kapitals in Sachen Produktpalette, Preisfindung oder Kapitalbeteiligung. Oftmals handelt es sich bei den Unternehmen in strategischen Sektoren um ehemalige Staatsunternehmen, und noch heute kontrollieren öffentliche Stellen diese Unternehmen oder stellen sie zumindest unter besondere Beobachtung. Insbesondere diese Bereiche sollen dem Zugriff von Staatsfonds entzogen werden. Verschiedene Kriterien qualifizieren einen Sektor zu einem strategischen:

---

4 Deutlich wird dies in Kommentaren wie diesem: »Es ist eine Unmenge an Geld unterwegs. Und deutsche Unternehmen bieten beste Qualität zu einem guten Preis«, sagte Josef Käsmeier, Chefvolkswirt bei der Münchner Privatbank Merck Finck. »Gäbe es in vielen Firmen keine Beschränkungen der Anteilseigner, könnten wir bald ausverkauft sein.« (Süddeutsche Zeitung 18.12.2007). Das ›wir‹ in dem Zitat ist ein nationales.

5 So kommentiert die Bank M.M. Warburg den hohen Anteil ausländischer Aktionäre an deutschen Unternehmen mit: »Vom deutschen Aufschwung haben vor allem ausländische Anleger und Investoren profitiert«. (Süddeutsche Zeitung 18.12.2007)

1. Es kann sich um einen Sektor handeln, der aufgrund seines schieren Geschäftsvolumens für die nationale Ökonomie besonders bedeutsam ist, also um eine *Basisindustrie*. In Russland ist dies zum Beispiel die Öl- und Gasförderung. In Deutschland war dies der Automobilbau.

2. Staatlicher Einspruch existiert auch in Branchen, die als *Zukunftstechnologien* gelten. In einigen Ländern ist dies zum Beispiel die Biotechnologie, in Deutschland ließen sich Solar- und Windenergie dazu zählen. Per Intervention schützt der Staat sie vor – betriebswirtschaftlich u. U. gerechtfertigter – Geschäftsaufgabe und setzt auf das künftige Potenzial dieser Branche.

3. Im Fall von *Schlüsselindustrien* handelt es sich um Branchen, in denen die Politik einen technologischen Vorsprung des eigenen Standortes ausmacht. Eine Übernahme könnte zum unerwünschten Know-how-Transfer an konkurrierende Staaten führen und so den Wettbewerbsvorteil zunichte machen.

4. Die wichtigsten strategischen Sektoren sind jedoch jene Branchen, die Güter und Dienstleistungen herstellen, die für die Akkumulation am Standort grundsätzlich und alternativlos notwendig sind. Beispiele sind die Versorgung mit Energie oder Wasser, Telekommunikation, Post oder Verkehrsleistungen wie Bahn, Luftfahrt, Häfen oder Werften. Auch das Kreditgewerbe zählt dazu. Hier geht es einerseits um die Sicherstellung des schieren Gebrauchswertes, sprich: Die materiellen Leistungen dieser Branchen müssen schlicht verfügbar sein, und zwar *sicher* und *flächendeckend*. Unabhängig von Schwankungen der Zufuhr wie der Nachfrage; ausreichend für absehbare Bedarfsspitzen; gegen alle technischen Störungen und Zwischenfälle abgesichert durch redundante Erzeugungs-, Produktions- und Transportsysteme, vorausschauende Vorratshaltung usw.

Daher erteilt der Staat diesen Industrien etwas, das normalerweise in Marktwirtschaften unüblich ist: einen Versorgungsauftrag. Während normalerweise im Kapitalismus die Versorgung mit Gütern und Dienstleistungen ein Nebeneffekt der Akkumulation ist, wird bei den Lieferanten der »*allgemeinen Verwertungsbedingungen des Kapitals*« (Marx) die Versorgung zum eigenständigen Zweck.

Dies hat eine Weiterung: Da alle Verbraucher und Unternehmen und auch der Staat diese Leistungen beziehen, fließt ihr Preis in alle Kosten- und Haushaltsrechnungen mit ein. Sie absorbieren beständig einen deutlichen Anteil der gesellschaftlichen Zahlungsfähigkeit und bestimmen in erheblichem Umfang sämtliche Kostpreise. Daraus folgt der Anspruch, dass die Leistungen dieser strategischen Sektoren nicht nur sicher und flächendeckend, sondern auch möglichst *kostengünstig* vorhanden sein sollen[6].

---

6 Zur Vermittlung dieser Gegensätze zwischen materieller Versorgung, möglichst niedrigen Preisen und den staatlich erwünschten Gewinnen der Unternehmen in diesen Sektoren hat die Bundesrepublik zum Beispiel die Bundesnetzagentur für Elektrizität, Gas, Telekommunikation, Post, Eisenbahnen (BNetzA) gegründet, die mit Öffentlichkeit und Konzernen um Telekommunikationsgebühren, Netzentgelte, notwendige Investitionen oder Portogebühren streitet. Die Existenz der BNetzA belegt, dass kostengünstige und sichere Versorgung der Konsumenten in der Marktwirtschaft nur durch massiven Einsatz der Staatsgewalt gewährleistet werden kann.

5. Als ›strategisch‹ eingeordnet werden auch Unternehmen der *Rüstungsindustrie* und verwandter Bereiche (Verschlüsselungstechnologie, Montanindustrie, Atomenergie, Flugzeugbau, Werften usw.). Hier wird die Beteiligung ausländischer Investoren beobachtet und reglementiert. Das ›strategisch‹ weist hier auf die Bedeutung des Unternehmens im Kriegsfall hin. Sein Schutz dient offiziell der Produktion von ›Sicherheit‹ – in diesem Fall also auch der Sicherheit eines Landes, die Sicherheit anderer Staaten gefährden zu können.

Mit der Definition strategischer Sektoren betreiben Staaten also eine limitierte Planwirtschaft – ›Strategie‹ bedeutet ja nicht viel mehr als ›Plan‹. Das ›strategisch‹ – ein Begriff aus der Militärsprache – verweist zudem auf den potenziell kriegerischen Gegensatz zwischen marktwirtschaftlich verfassten Staaten; und auf das zerstörerische Potenzial der marktwirtschaftlichen Konkurrenz für von Nationen als notwendig erachtete Unternehmen. Der besondere Schutz strategischer Sektoren vor ausländischen Investoren erfolgt zu dem Zweck, die Erpressungsmacht des Auslands im Konfliktfall zu mindern und gleichzeitig die eigene Erpressungsmacht zu fördern. Unmittelbar augenfällig ist dies im Fall, wenn ein Staat den eigenen Rüstungsexport vorantreibt und so die Abhängigkeit seiner Abnehmer von sich erhöht. Insofern »repräsentieren (sicherheitspolitische Vorbehalte) die eine Seite des immer schon höchst ambivalenten Verhältnisses moderner Nationalstaaten gegenüber Investitionen ausländischer Bürger in die eigene Wirtschaft« (Scherpenberg 2007).

Ein Staat kann sich dennoch aus verschiedenen Gründen dafür entscheiden, strategische Bereiche zu privatisieren und Ausländer als Eigentümer zu akzeptieren. Denn eine Privatisierung strategischer Sektoren erzeugt staatliche Einnahmen, macht gebundene öffentliche Gelder frei für andere Verwendungszwecke, mit der Privatisierung öffnet der Staat dem Kapital eine neue Akkumulationssphäre und kann darauf hoffen, dass die erwünschte Versorgung unter privater Führung kostengünstiger erfolgt. Wird eine ehemals staatliche Gesellschaft von einem größeren ausländischen Unternehmen geschluckt, besteht zudem die Möglichkeit, dass sie zwar nicht nach eigener Maßgabe, aber doch als Teil eines größeren Konzerns am Weltmarkt tätig wird und so aktiv an der globalen ›Branchenkonsolidierung‹ teilnimmt. Um diese Ziele zu erreichen, ist das Vorhandensein ausreichender Mengen an Beteiligungskapital Bedingung. Dies ist jedoch nicht in allen Ländern der Fall, weswegen Auslandskapital u. U. eher akzeptiert wird.

Kapitalmangel findet sich insbesondere in so genannten Entwicklungs- und Schwellenländern, die große Anstrengungen unternehmen, ausländisches Kapital anzuziehen. Diese Not haben sich auch deutsche Unternehmen zu Nutze gemacht und dort massiv in ›strategische Sektoren‹ investiert. Hierbei handelt es sich um deutsche Firmen, in denen die Bundesregierung ihren Einfluss geltend machen kann, die also als teilstaatlich zu klassifizieren sind.

- Die *Deutsche Telekom* kontrolliert zum Beispiel die ehemaligen Telekom-Monopolisten in Kroatien (T-Hrvatski Telekom), der Slowakei (Slovak Telekom),

Makedonien (MakTel), Montenegro (Telekom Montenegro) und Ungarn (Magyar Telekom). Zudem gehören ihr der große polnische Mobilfunker PTC Polska und Orbitel, das zweitgrößte Festnetz-Telekommunikationsunternehmen Bulgariens.

Wie politisch heikel derartige Übernahmen sind, weiß man auch bei der Deutschen Telekom. Beim Gebot des Konzerns für das größte slowenische Telekom-Unternehmen, der Slovenije Telekom, gab man das Gebot nicht – wie nahe liegend – über die kroatische Tochter ab, sondern über die Magyar Telekom. Denn die Deutsche Telekom »befürchtete, dass ein Bewerber aus dem Gebiet des ehemaligen Jugoslawiens schlechtere Karten als ein ungarischer Kandidat gehabt hätte« (Handelsblatt 8.1.2008).

- Die *Deutsche Bahn* hat den US-Konkurrenten Bax Global gekauft. Über ihre Gütertransportgesellschaft Railion beteiligt sich die Bahn an Unternehmen wie der East West Railways in Polen. In Spanien hat die Bahn das Speditionsunternehmens Spain-TIR erworben und dort mit der Übernahme des Transportdienstleisters Transfesa den größten spanischen Konkurrenten Renfe gemessen am Umsatz überholt. In Großbritannien ist das deutsche Staatsunternehmen durch die Übernahme von Gesellschaften wie Laing Rail und Chiltern Railways oder durch Beteiligungen an London Overground Rail oder Wrexham, Shropshire and Marylebone Railway massiv im Personenverkehr engagiert. Übernahmen osteuropäischer Staatsbahnen sind anvisiert. Dort gelten die Schienennetze als überaltert, die öffentlichen Haushalte sind gleichzeitig angespannt.

- Die *Deutsche Post* übernahm – mit sicheren, staatlich garantierten Monopolgewinnen aus der Briefsparte und Steuervorteilen im Rücken – unter anderem die Schweizer Spedition Danzas, die amerikanische DHL, den britischen Logistikriesen Exel und das US-Luftfrachtunternehmen Airborne. Die Post wurde dadurch der weltgrößte Logistiker, die Deutsche Bahn steht an Nummer drei.

- Der Airport-Betreiber *Fraport* hat nicht nur das Management der Flughäfen Kairo (Ägypten) und Lima (Peru) übernommen, es ist unter anderem auch an der Verwaltung des Flughafens Neu Delhi (Indien) beteiligt, verwaltet das Terminalmanagement des Flughafens Antalya (Türkei), betreibt die bulgarischen Flughäfen Varna und Bourgas und sorgt sich um die Airport Security in Amsterdam.

- Der Versorger *RWE* kaufte 2000 und 2001 das US-Wasserunternehmen American Water Works und den drittgrößten Wasserkonzern der Welt, die britische Thames Water, der in 29 US-Bundesstaaten und mehreren kanadischen Provinzen tätig ist. In Kroatien ist RWE an der Abwasserentsorgung von 1,2 Millionen Einwohnern beteiligt. Direkt oder über Beteiligungen ist RWE »für die Trinkwasserversorgung von 13,7 Millionen Einwohnern in Kontinentaleuropa zuständig, so auch in Budapest. Zudem wird täglich die Abwasserentsorgung von 6,8 Millionen Einwohnern sichergestellt« (RWE-Pressemitteilung, 21. März 2007). In Großbritannien übernahm RWE das Energieunternehmen Innogy.

- Der Energiekonzern *Eon* erwarb in Großbritannien die Powergen-Gruppe (die 8,6 Millionen Briten mit Strom versorgt) einschließlich der amerikanischen Gesellschaft LG&E, das Stromunternehmen TXU sowie Midlands Electricity und ist dort die Nummer zwei in der Stromerzeugung und -verteilung. Dies führte zu einer »von einigen britischen Medien transportierten Furcht vor einer Okkupation der Insel durch deutsche Stromerzeuger« (Süddeutsche Zeitung 23.2.2006). Der Vorstoß von Eon an die Spitze des britischen Versorgermarktes durch die Übernahme von Scottish Power (5,2 Millionen Kunden) scheiterte 2005. Mit dieser Übernahme wäre Eon im britischen Strommarkt auf fast 30 Prozent der Erzeugungskapazität gekommen.

Sowohl Eon wie auch RWE sind massiv in Osteuropas Stromversorgung engagiert. Dort haben sie im Verlauf der Privatisierung »den Markt leergekauft«[7]. In Russland übernahm Eon zum Beispiel den Versorger OGK-4 für vier Milliarden Euro, beteiligte sich an der bei weitem größten slowakischen Stromgesellschaft ZSE, die die Region Bratislava beliefert, wo 50 Prozent des slowakischen Bruttoinlandsprodukts erstellt werden. In Ungarn hat Eon einen Marktanteil von rund 50 Prozent an der Stromversorgung des Landes, auch in Tschechien ist es größter ausländischer Investor im Strombereich. In Bulgarien hängen fünf Millionen Kunden am Netz von Eon. Diese Milliarden-Übernahmen und -Investments schulterten die deutschen Stromkonzerne mit Hilfe der »von der Politik geduldeten hohen Energiepreise in Deutschland«, die »enorme Geldzuflüsse ermöglicht« haben[8].

Diese Auflistung zeigt, dass Deutschland nicht nur seine eigenen strategischen Sektoren vor dem Ausland schützt, sondern gleichzeitig sich massiv Einfluss in strategischen Sektoren des Auslands gesichert hat und darüber über einen erheblichen politischen Hebel verfügt. Deutlich soll hier auch geworden sein, dass Bestimmungen zur Investitionsfreiheit nicht nur für Anleger interessante Detailfragen sind, sondern Fragen, die die Souveränität eines Staates massiv berühren. Dies ist insofern von Bedeutung, als in der Diskussion um Staatsfonds die Vertreter von Industrie und Kreditgewerbe stets lediglich die Effizienz der Kapitalallokation betonen, die sie mit einem liberalen Kapitalverkehr fördern wollen.

Bedeutung des Auslandskapitals in Deutschland

Die grundsätzlich positive Haltung der Bundesregierung, der Unternehmerverbände und auch der Gewerkschaften gegenüber ausländischen Investoren wurde in der so genannten ›Heuschrecken‹-Debatte deutlich, in der – bei allen Warnungen und Vorbehalten gegenüber Finanzinvestoren wie Hedge-Fonds oder Private-Equity-Gesellschaften (PE-Gesellschaften) – die akkumulationsdienliche Funktion dieser Investoren betont wurde, die lediglich durch spezifische gesetzliche

---

7   Süddeutsche Zeitung 9.6.2005.
8   Ebenda.

Regelungen sichergestellt werden sollte: Es »gibt keinen Zweifel mehr, dass es für die Kapitalversorgung mittelständischer Unternehmen über PE-Gesellschaften wichtig und vorteilhaft ist, wenn die Fonds ihren Sitz in Deutschland haben«[9].

Über einige Jahre zeigten sich die Politik und auch der wirtschaftswissenschaftliche Sachverstand in Deutschland jedoch unzufrieden mit dem Zufluss ausländischen Kapitals. Er galt schlicht als zu gering, woraus im Gegenschluss eine relative Unattraktivität des deutschen Standorts bzw. seiner Unternehmen gefolgert wurde. Ausländische Standorte mit für Unternehmen günstigeren Bedingungen – niedrigere Löhne, geringeres Sozialabgabenniveau, niedrigere Steuern – zögen dagegen immer mehr deutsche Betriebe an. Die Titel hierfür hießen ›Job-Export‹, ›Outsourcing‹ oder ›Verlagerung der Produktion‹[10]. Stellvertretend sei hier die Titelgeschichte des Spiegel-Magazins vom Oktober 2004 genannt, in der unter der Überschrift »Deutschland: Exportweltmeister (von Arbeitsplätzen)«[11] beklagt wurde, deutsche Unternehmen investierten massiv in ausländische Produktionsstandorte, während der Standort Deutschland kaum in der Lage sei, internationales Kapital zu attrahieren. »Die Globalisierung erreicht eine neue Qualität. Sie bedroht die Basis der deutschen Wirtschaft – den industriellen Kern. Immer mehr Konzerne und Mittelständler verlagern Teile der Produktion ins Ausland…Wenn investiert wird, dann überwiegend jenseits der Grenzen. Dort entstehen die neuen Fabriken, dort wird der Großteil der zusätzlichen Mitarbeiter eingestellt« (Der Spiegel 25.10.2004).

Diese Diskussion ist jedoch vorüber. Gerade die Bemühungen der Bundesregierungen der vergangenen Jahre waren sehr erfolgreich in ihrem Ziel, Auslandskapital nach Deutschland zu bringen. Zogen Ausländer 2004 netto noch rund 9 Mrd. Dollar aus Deutschland ab, so flossen 2005 netto 34 Mrd. Euro an ausländischen Direktinvestitionen (FDI) zu, 2006 waren es 44 und 2007 37 Mrd. Euro[12]. Lag der Bestand an FDI im Jahr 1990 noch bei 111 Mrd. Dollar oder 14 Prozent

---

9   Reinhard H. Schmidt/Gerald Spindler: Private Equity und Hedgefonds: Die Regulierung von Finanzinvestoren in Deutschland. Berlin. Oktober 2007. Dass diese Studie zu einer insgesamt positiven Einschätzung der Aktivität von Finanzinvestoren kommt, ist insofern bemerkenswert, als sie von der gewerkschaftsnahen Hans Böckler Stiftung in Auftrag gegeben und publiziert wurde.

10 Diese Diagnose war in der deutschen Öffentlichkeit zwar eine Zeit lang sehr verbreitet, empirisch belegen ließ sie sich jedoch nicht. »Welche Jobs nun in Deutschland gestrichen und ins Ausland verlagert werden, darüber existiert keine Statistik – genauso wenig über die Anzahl der Jobs, die aus dem Ausland nach Deutschland wandern« (Berliner Zeitung, 27.10.2004). Die Debatte diente allerdings dazu, mit dem Verweis auf massenhaft ›flüchtende‹ Unternehmen eine Verbilligung der Produktionsbedingungen in Deutschland zu befördern – was gelungen ist.

11 Augenfällig auch an diesem Medienbericht ist die nationale Parteilichkeit der Diagnose: Zunächst wird behauptet, ›Niedriglohnländer‹ importierten ›unsere‹ Arbeitsplätze. Investiert ein ausländisches Unternehmen hingegen in Deutschland, wird dies lediglich als begrüßende Unternehmensentscheidung gewertet – und weder als ›Import ausländischer Arbeitsplätze‹, noch als ›Export deutscher Arbeitslosigkeit‹.

12 Dennoch verzeichnete Deutschland 2007 abermals einen Nettokapitalabfluss, denn deutsche Unternehmen investierten netto 122 Mrd. Euro im Ausland (Bundesbank 2008). Dass die deutschen Direktinvestitionen im Ausland stets höher liegen als die ausländischen Investitionen in Deutschland, verweist weniger auf eine Schwäche des Standortes D als vielmehr auf die Tatsache, dass hiesige Unternehmen ihre hohen Überschüsse vermehrt weltweit anlegen, um von der Internationalisierung des Geschäfts zu profitieren.

des deutschen BIP, so waren es 2006 über 500 Mrd. Dollar oder 17,4 Prozent des BIP[13]. Nach Schätzungen der US-Investmentbank J.P. Morgan tätigten Ausländer 2007 in Deutschland Firmenkäufe im Wert von 72 Mrd. Euro, deutsche Firmen beteiligten sich an ausländischen Firmen für 92 Mrd. Euro, das war doppelt so viel wie im Vorjahr.

Das Gros der ausländischen Anlagen in Deutschland kam jedoch nicht aus den Heimatländern der derzeit diskutierten Staatsfonds, sondern aus anderen Industrieländern. Nach Berechnungen des Instituts der deutschen Wirtschaft (IW) in Köln stammten gerade einmal 0,2 Prozent aller Direktinvestitionsbestände in der Bundesrepublik aus Russland. Der Anteil Chinas habe sogar nur 0,05 Prozent erreicht. Auch die Anlagen aller übrigen Nationen mit Staatsfonds seien jeweils unter der Ein-Prozent-Grenze geblieben und hätten damit den privaten Investitionen aus dem Ausland längst nicht das Wasser gereicht (IW-Pressemitteilung vom 31.10.2007).

Gemessen an der Beteiligung am Nominalkapital in Deutschland lagen niederländische Unternehmen mit knapp fünf Mrd. Euro auf Platz eins[14]. Dahinter folgt Frankreich mit 4,6 Milliarden Euro und dann die USA mit 3,6 Milliarden Euro. Die bedeutendsten Schwellenländer sind Südkorea, die Türkei und Kuwait.

Die Bedeutung ausländischen Kapitals für Deutschland illustriert auch die Tatsache, dass die 30 im Deutschen Aktienindex (Dax) vertretenen Konzerne – die gemessen am Börsenwert immerhin 70 Prozent des gesamten deutschen Aktienkapitals stellen – inzwischen mehrheitlich im Besitz ausländischer Investoren sind[15]. Im Herbst 2007 lag ihr Anteil am stimmberechtigten Kapital zwischen 24 Prozent (Volkswagen) und 95 Prozent (Infineon) und erreichte im Durchschnitt 55 Prozent. Noch im Jahr 2002 gehörte Ausländern lediglich ein Drittel der Dax-Firmen, 1997 gar nur ein Zehntel[16]. Bei den kleineren Unternehmen im Börsenindex MDax bewegt sich der Anteil ausländischer Aktionäre zwischen 15 Prozent (Praktiker) und 95 Prozent (Beiersdorf), der Durchschnitt betrage etwa 50 Prozent. Damit befinden sich etwa 81 Prozent des deutschen Aktienkapitals mindestens zur Hälfte in ausländischen Händen. »Der hohe Anteil ausländischer Aktionäre unterstreicht die Bedeutung eines freien Kapitalverkehrs für den deutschen Aktienmarkt und die Sensitivität der Diskussion (um Staatsfonds, S. K.)«, mahnt die HypoVereinsbank.

Grund für die wachsende Attraktivität deutscher Aktiengesellschaften für internationale Anleger ist vor allem deren zunehmende Rentabilität und ihre rekordhohen Gewinne, die vermehrt auch im Ausland erzielt werden. So machen die

---

13 Unctad: World Investment Report 2007. New York.
14 Hier ist allerdings zu beachten, dass »die Niederlande erfahrungsgemäß nicht das Sitzland der letztlichen Kapitaleigner darstellen, da die Niederlande nach wie vor als wichtiger Holdingstandort gelten« (Bundesbank, Pressenotiz ›Kapitalverflechtung der deutschen Wirtschaft mit dem Ausland‹ vom 28.4.2006).
15 Bayerische Hypo- und Vereinsbank: Deutschland Inside, München, Juli/August 2007.
16 Handelsblatt 16.12.2007.

Direktinvestitionen ausgewählter Länder

Land	Direktinvestitionen 2006 (in Mio. Euro)	Direktinvestitionen Bestand 2005 (in Mio. Euro)*
Niederlande	4.969	131.751
Frankreich	4.564	53.720
USA	3.595	73.560
GB	3.103	44.563
Italien	3.011	20.593
Schweiz	2.704	33.769
Schweden	1.354	9.562
Japan	1.042	11.073
Spanien	1.015	9.131
Luxemburg	891	69.685
Österreich	866	12.120
Belgien	726	11.294
Finnland	534	10.000
Südkorea	431	3.715
Dänemark	339	5.786
Kanada	265	2.797
Kuwait	231	176
Türkei	216	603
Irland	173	4.432
Norwegen	117	2.042
Venezuela	112	-
Russland	105	1.020
Iran	96	890
Griechenland	57	124
Jordanien	57	-
Liechtenstein	39	508
Cayman Is.	47	1.929
Malaysia	37	23
Australien	34	305
Ägypten	30	-
Slowenien	27	104
Singapur	20	183
Portugal	16	115
Tschechische Republik	14	154
Hongkong	13	154
Zypern	11	229
Industrieländer		383.235
EU-25		384.311
Schwellen-/Entwicklungsländer		14.079
Gesamt:		526.536

* Unmittelbare ausländische Direktinvestitionen in Deutschland
Quellen: Bundesbank: Bestandserhebung über Direktinvestitionen (April 2007) und
www.sueddeutsche.de/wirtschaft/artikel/598/138315/

160 Konzerne aus den vier größten Börsenindizes Dax, MDax, SDax und TecDax mittlerweile fast 60 Prozent ihres Umsatzes jenseits der deutschen Grenzen, die Dax-Konzerne sogar 68 Prozent. Vor 20 Jahren waren es gerade mal gut 30 Prozent. Die zunehmende Attraktivität deutscher Unternehmensanteile für Ausländer spiegelt also die zunehmende Nutzung ausländischer Märkte durch die deutschen Konzerne, die ihrerseits massiv ausländische Unternehmen aufkaufen[17].

Aus ihren bedeutenden Anteilen an deutschen Unternehmen ist jedoch nicht unbedingt zu schließen, dass ausländische Anteilseigner die großen deutschen Konzerne kontrollieren. Ihr Einfluss auf die Unternehmenspolitik wird dadurch gemindert, dass der Aktionärskreis üblicherweise sehr breit gestreut ist. Die größten Einzelaktionäre besitzen oftmals nur sehr kleine Prozentsätze. Andererseits wiederum ist zu bedenken, dass die Aktionärs-Präsenz auf den Hauptversammlungen oft gering ist. Bei den Dax-Konzernen bewegt sie sich laut HypoVereinsbank zwischen 39 und 71 Prozent, im Durchschnitt seien es 56 Prozent. Insofern kann mit einer vergleichsweise geringen Beteiligung bereits ein überproportionaler Einfluss ausgeübt werden.

Die Attraktion von Auslandskapital ist also auch für ein Land wie Deutschland eine Notwendigkeit. Dennoch wurde und wird die Debatte um Beschränkungen für eine bestimmte Klasse von potenten ausländischen Investoren – den Staatsfonds – mit großer Vehemenz geführt. Dies liegt weniger in dem Fakt begründet, dass es sich bei diesen Investoren um Nicht-Deutsche handelt; sondern im Verhältnis Deutschlands zu einigen Regierungen, die Staatsfonds aufgelegt haben: Enormes Wachstum verzeichnen vor allem SWF aus den nahöstlichen Opec-Staaten, Russland und China – alles Staaten, die aus der Sicht des ›Westens‹ einerseits als mächtig und andererseits als politisch unzuverlässig gelten (siehe Kapitel 3).

Staatsfonds – die nicht ganz neuen Investoren

»Staatsfonds (Sovereign Wealth Funds, SWF) – oder staatlich kontrollierte Fondsgesellschaften – sind Finanzvehikel im Besitz eines Staates, die öffentliche Mittel halten, managen oder verwalten und diese in verschiedene Wertpapierklassen investieren« (Kern 2007, 3). Das Fondsvermögen stammt hauptsächlich aus Liquidität im öffentlichen Sektor – also aus Haushaltsüberschüssen oder Zentralbankreserven.

Staatsfonds sind im Prinzip nichts neues, es gibt es bereits seit vielen Jahrzehnten[18]. Bislang wurden sie allerdings kaum beachtet. Dies änderte sich im vergan-

---

17 Um nur einige Milliarden-Deals der vergangenen Jahre zu nennen: Die Deutsche Post übernahm die britische Exel (6,6 Mrd. Euro), BASF kaufte den US-Konzern Engelhard (4,9 Mrd. Euro), ThyssenKrupp kaufte die kanadische Dofasco (4,2 Mrd. Euro), FMC schluckte den US-Konzern Renal Care (3,9 Mrd. Euro), Adidas kaufte den US-Konkurrenten Reebok (3,8 Mrd. Euro) und TUI die kanadische CP Ships (2,04 Mrd. Euro).

18 Bereits 1953 wurde das Kuwait Investment Board gegründet, das überschüssige Öleinnahmen investierte, um die Abhängigkeit des Landes von seinen endlichen Ölquellen zu verringern. 1965 wurde es vom Kuwait Investment

genen Jahr, vor allem mit der Gründung des 200-Milliarden-Dollar-Staatsfonds CIC in der Volksrepublik China. Im Fokus stehen seitdem das Volumen der Staatsfonds-Geschäfte und der potenzielle Einfluss, den diese Fonds auf der ganzen Welt haben, insbesondere angesichts neuer Akteure in den Schwellenländern. »Befürchtungen eines möglichen Verkaufs strategisch wichtiger Unternehmen, des Transfers sensiblen technischen Know-hows oder einer Gefährdung der öffentlichen Sicherheit haben die Aufmerksamkeit der Öffentlichkeit in den traditionellen Industriestaaten auf dieses Thema gelenkt« (Kern 2007, 3).
Staatsfonds lassen sich gemäß ihren Zielen in zwei Kategorien einteilen.

1. *Stabilisierungsfonds* sollen vor allem die Staatsbudgets der Erdöl und Erdgas exportierenden Staaten stabilisieren. Das heißt: Liegt der Ölpreis zum Beispiel hoch, so fließt mehr Geld in den Fonds, liegt er niedrig, so kann sich die Regierung zum Ausgleich aus dem Fonds bedienen. So werden die Staatsausgaben unabhängiger von kurzfristigen Haushalts- oder Reservenentwicklungen, die z. B. durch Preisänderungen an den Öl- und Rohstoffmärkten, aber auch an den Devisenmärkten, verursacht werden. Die Anlagestrategien dieser Fonds sind daher sehr konservativ. Ein Beispiel hierfür ist der russische Stabilisierungsfonds SFRF, der sich aus den über 20 Dollar je Barrel Öl hinausgehenden Öleinnahmen speist. Russland ist sehr abhängig vom Öl- und Gaspreis. Der Anteil der Energieexporte an den wertmäßigen Güterexporten Russlands erreichte zuletzt 80 Prozent, der Anteil von Öl und Gas am Bruttoinlandsprodukt ist seit 1999 von 12,7 Prozent auf 31,6 Prozent gestiegen.

2. *Spar- oder Generationenfonds* schaffen eine Vermögensgrundlage für künftige Generationen. Mit ihren Mitteln verteilen sie die Einkünfte eines Landes um auf die jetzige und auf künftige Generationen. Als staatliche Investmentfonds gehen sie bei ihren Investments höhere Risiken ein, so zum Beispiel über Unternehmensbeteiligungen oder Aktien. Eine Beteiligung am Management der betreffenden Unternehmen wird aber generell vermieden (Götz 2007). Ein Beispiel für staatliche Investmentfonds ist die Abu Dhabi Investment Authority (ADIA). Fonds wie Singapurs Temasek agieren dagegen eher als staatlicher Private-Equity-Fonds und zeigen das aggressivste Anlageverhalten.

Office (KIO), einer Tochtergesellschaft der Kuwait Investment Authority (KIA), abgelöst. Diese verwaltet heute einen großen Teil des Future Generation Fund, in den der Staat Kuwait jährlich 10 Prozent seiner Öleinnahmen einspeist. 1956 gründete die britische Kolonialverwaltung auf den Gilbert Islands (seit 1979 Republik Kiribati) den Revenue Equalisation Reserve Fund (RERF), der für den pazifischen Inselstaat Lizenzgebühren aus dem Phosphatabbau verwaltet. Mit jährlichen Kapitalerträgen von etwa 33 Prozent des BIP ist der Fonds eine der wichtigsten Einnahmequellen des Landes.
Seitdem wurden Staatsfonds hauptsächlich in zwei Phasen eingerichtet: Die erste Gründungswelle erfolgte in den siebziger Jahren (z. B. 1974 die Temasek Holding in Singapur oder 1976 die Abu Dhabi Investment Authority (ADIA)). Die zweite Welle erfolgte ab Ende der neunziger Jahre mit dem Iran Oil Stabilisation Fund (1999), der Qatar Investment Authority (2000) und weiteren Fonds. Heute umfasst die Staatsfonds-Branche über 40 Institutionen.

Staatsfonds im Überblick

Land	Fonds	Anlagevolumen (Mrd. USD)	Gründungsjahr	Finanz-Quelle
Verein. Arab. Emir.	Abu Dhabi Investment Authority (ADIA)	875	1976	Öl
Norwegen	Government Pension Fund - Global (GPFG)	385	1990	Öl
Singapur	Government of Singapore Investment Corporation (GIC)	330	1981	Nicht-Rohstoff
Saudi-Arabien	Diverse Fonds	300	NA	Öl
Kuwait	Kuwait Investment Authority (KIA)	250	1953	Öl
China	China Investment Company Ltd. incl. Central Hujin	300	2007	Nicht-Rohstoff
Russland	Stabilization Fund of the Russian Federation (SFRF)	147	2003	Öl
Hong Kong	Hong Kong Monetary Authority Investment Portfolio	140	1998	Nicht-Rohstoff
Singapur	Temasek Holdings	108	1974	Nicht-Rohstoff
Australien	Australian Government Future Fund (AGFF)	50	2004	Nicht-Rohstoff
Libyen	Reserve Fund	50	NA	Öl
Katar	Qatar Investment Authority (QIA)	40	2000	Öl
USA	Alaska Permanent Reserve Fund Corperation (APRF)	40	1976	Öl
Brunei	Brunei Investment Agency (BIA)	35	1983	Öl
Irland	National Pensions Reserve Fund (NPRF)	29	2001	Nicht-Rohstoff
Algerien	Reserve Fund	25	NA	Öl
Südkorea	Korea Investment Corporation (KIC)	20	2006	Nicht-Rohstoff
Malaysia	Khazanah Nasional BHD (KNB)	18	1993	Nicht-Rohstoff
Kasachstan	Kazakhstan National Fund (KNF)	18	2000	Öl, Gas, Metall
Kanada	Alberta Heritage Fund (AHF)	17	1976	Öl
Taiwan	Taiwan National Stabilisation Fund (TNSF)	15	2000	Nicht-Rohstoff
USA	New Mexico State Investment Office Trust Funds	15	1958	Nicht-Rohstoff
Iran	Foreign Exchange Reserve Fund	15	1999	Öl
Nigeria	Excess Crude Account	11	2004	Öl
Neuseeland	New Zealand Superannuation Fund	10	2003	Nicht-Rohstoff
Oman	State General Stabilisation Fund (SGSF)	8,2	1980	Öl, Gas
Chile	Economic and Social Stabilization Fund (ESSF)	6.0	2007	Kupfer
Botswana	Pula Fund	4,7	1993	Diamanten et al.

Land	Fonds	Anlagevolumen (Mrd. USD)	Gründungsjahr	Finanz-Quelle
USA	Permanent Wyoming Mineral Trust Fund (PWMTF)	3,2	1974	Mineralien
Norwegen	Government Petroleum Insurance Fund (GPIF)	2,6	1986	Öl
Aserbaidschan	State Oil Fund	1,5	1999	Öl
Ost Timor	Timor-Leste Petroleum Fund	1,2	2005	Öl, Gas
Venezuela	Investment Fund for Macroeconomic Stabilization (FIEM)	0,8	1998	Öl
Kiribati	Revenue Equalisation Reserve Fund (RERF)	0,6	1956	Phosphate
Chile	Chile Pension Reserves Fund	0,6	2007	Kupfer
Uganda	Poverty Action Fund	0,4	1998	Entwicklungshilfe
Papua Neu Guinea	Mineral Resources Stabilization Fund (MRSF)	0,2	1974	Mineralien
Mauretanien	National Fund for Hydrocarbon Reserves	0,0	2006	Öl, Gas
Verein. Arab. Emir.	Dubai Intern. Financial Centre Investments (DIFC)	-	2002	Öl
Angola	Reserve Fund for Oil	-	2007	Öl
Trinidad & Tobago	Heritage and Stabilisation Fund	-	2007	Nicht-Rohstoff
Gesamt		**3.161**		

Geplante SWF-Projekte

Land	Fonds	Anlagevolumen (Mrd. USD)	Gründungsjahr	Finanz-Quelle
Russland	Future Generations Fund of the Russian Federation (SFRF)	32	2008e	Öl
Bolivien	(Errichtung eines Staatsfonds geplant)	-	2008e	Öl, Gas
Verein. Arab. Emir.	Emirates Investment Authority	-	2008e	Öl
Japan	(Einrichtung eines Staatsfonds erwogen)	-	-	Nicht-Rohstoff
Brasilien	(Einrichtung eines Staatsfonds erwogen)	10	-	Rohstoff
Libyen	(Einrichtung eines Staatsfonds erwogen)	100	-	Öl, Gas

Gesamt einschl. geplanter Projekte — 3.303,0

Quellen: Kern 2007, Götz 2007, Bloomberg.

Woher kommt das Geld?

Die Existenz von Staatsfonds weist darauf hin, dass ein Land über überschüssige Staatseinnahmen und Reserven verfügt und dass eine Regierung diese Gelder mit Blick auf die künftigen Liquiditätsanforderungen verwalten und unregelmäßige Staatseinnahmen nivellieren will. Die in Staatsfonds investierten überschüssigen Staatseinnahmen und Währungsreserven stammen bislang zumeist aus dem Verkauf von natürlichen Ressourcen wie Erdöl, -gas oder Metallen. Daher sind die meisten Staatsfonds in Ländern beheimatet, die Erdöl oder -gas exportieren oder über andere Rohstoffreserven verfügen und aus deren Verkauf direkte Einnahmen oder Steuern erwirtschaften. Typische Beispiele hierfür sind Kuwait, Katar, die Vereinigten Arabischen Emirate (VAE), Saudi-Arabien, Russland, Venezuela oder auch der US-Bundesstaat Alaska. Aus dem Verkauf von mineralischen Rohstoffen speisen sich Staatsfonds in Ländern wie Chile (Kupfer), Botswana (Diamanten) oder Kiribati (Phosphat). Andere Länder – wie China oder Singapur – übertragen Gelder aus allgemeinen Haushalts- oder Exportüberschüssen oder offizielle Reserven der Zentralbank an Staatsfonds. Traditionell wurden diese Reserven von den Zentralbanken in liquiden Staatspapieren (vor allem US-Staatsanleihen / US-Treasuries) und Edelmetallen (vor allem Gold) angelegt.

Grundsätzlich verweist die Existenz von Staatsfonds nicht nur – wie in der Diskussion 2007/08 – auf eine erfolgreiche Exportwirtschaft, sondern auch auf eine strukturelle Schwäche einer nationalen Ökonomie. Denn gemessen am nationalen Devisenbedarf erwirtschaftet das Land ›zu viele‹ Einnahmen. Die Binnenwirtschaft ist nicht in der Lage, diese Überschüsse zum Wohle ihrer Akkumulation zu absorbieren. Sie ist zu klein. »Die unterentwickelten Finanzmärkte können das explosionsartig gewachsene Vermögen in diesen Ländern nicht mehr verkraften« (Handelsblatt 3.1.2008). Mit Gründung eines im Ausland anlegenden SWF setzt ein Staat daher darauf, am ökonomischen Erfolg *anderer* Staaten zu partizipieren, anstatt direkt in das Wachstum der eigenen Kapitalbasis zu investieren. Aus diesem Grund sind fast alle Staatsfonds in Entwicklungs- oder Schwellenländern zu finden – lediglich 16 Prozent der weltweiten SWF-Vermögen werden von SWF aus OECD-Staaten gehalten. Gereifte Industriestaaten wissen für ihre Export- und Steuereinnahmen in der Regel bessere Verwendung als Portfolio-Investitionen jenseits der eigenen Grenzen.

Gründe für die Einrichtung von Staatsfonds

»The basic question facing countries like China with their huge hoards of foreign exchange reserves is: once they are there, what does a country's government do with them?« (Truman 2007, 7). Überschüssige Staatseinnahmen können konsumtiv verwendet oder direkt in staatliche Projekte investiert werden. Alternativ kann ein Kapitalstock mittels eines Staatsfonds aufgebaut werden, in den überschüssige Mittel eingespeist werden und der als weitgehend unabhängiges Unternehmen mit dem Ziel eines systematischen Portfoliomanagements operiert. Grundsätzlich sprechen für letztere Option – je nach Finanzquelle des Staates – zwei grundlegende Aspekte:

1. Natürliche Ressourcen sind endlich. Irgendwann sind sie erschöpft, und die Einnahmequelle versiegt. So rechnet das DIW damit, dass Russlands Ölreserven beim derzeitigen Produktionsniveau in etwa 22 Jahren erschöpft sind. Zudem werde die Erschließung künftiger Felder mit höheren Kosten als bislang verbunden sein. Angesichts der wachsenden Energielastigkeit des russischen Außenhandels werde das Land seine einseitige Strukturpolitik überdenken müssen (DIW 2007b). Aber auch Wettbewerbsvorteile einheimischer Unternehmen auf dem Weltmarkt können vorübergehende Phänomene sein, die im Lauf der Zeit schwinden. Angesichts dieser zeitlichen Limitierung von Einnahmen müssen Regierungen daher erstens »einen Interessenausgleich zwischen den Generationen schaffen« und zweitens »die aktuellen Einkünfte aus dem Verkauf von Ressourcen oder anderen Exportgütern in dauerhaftes Einkommen umwandeln« (Kern 2007, 5).

2. liegt eine Gefahr für die finanzielle Ausstattung eines Landes in den starken Schwankungen der Rohstoffpreise und damit der Staatseinnahmen. Denn bei natürlichen Rohstoffen handelt es sich um vergleichsweise riskante Vermögenswerte. Es bestehen daher grundlegende Anreize zur Diversifizierung.

Laut Kern können Staatsfonds also erstens eine Volkswirtschaft vor den Schwankungen an Märkten schützen. In diesem Fall dient der Fonds als Liquiditätspool, der in Zeiten günstiger Preiskonditionen für Rohstoffe oder Reservenzuflüssen gefüllt wird und auf den in Zeiten niedriger Preise oder von Reserveengpässe zurückgegriffen werden kann. Staatsfonds dienen so der *intertemporalen Stabilisierung*.

Zweitens unterliegen die Einnahmen von Rohstoff exportierenden Ländern oftmals einem großen Konzentrationsrisiko. Die *Diversifizierung* staatlicher Vermögen durch Investitionen auf globaler Ebene und in eine größere Bandbreite an Finanztiteln kann zu einer Verringerung dieser Konzentrationsrisiken beitragen.

Und schließlich können Staatsfonds dazu dienen, das *Risiko-Rendite-Verhältnis* beim Staatsvermögen zu *optimieren*. In den vergangenen 60 Jahren erzielten Zentralbanken mit ihrem konventionellen Reservenmanagement – in der Regel basierend auf kurzfristigen, erstklassigen Staatsanleihen und Geldmarktinstrumenten – Renditen von 1 Prozent jährlich. Das Portfolio eines typischen Pensionsfonds – eine Mischung aus Aktien und Anleihen – hätte dagegen eine reale Rendite von fast 6 Prozent erbracht (Summers 2007, siehe folgende Tabelle). »Wenn wir mit Staatsanleihen eine Rendite von 4 Prozent bis 5 Prozent erzielen, frisst uns das die Inflation auf«, sagte Scheich Hamad bin Jassim bin Jaer, Premierminister von Katar, in einem Interview mit der FTD (6.12.2007).

Risiko und Rendite von Investment-Portfolios
1946 bis 2004, annualisiert

Stilisiertes Portfolio	Durchschnittl. realer Ertrag in Prozent p. a.	Annualisierte Standardabweichung des Ertrags in Prozent	Wahrscheinlichkeit eines negativen Ertrags für 10 Jahre Haltezeit in Prozent
Typisches Zentralbank-Portfolio	0,98	1,24	37,0
Typisches Pensionsfonds-Portfolio	5,75	12,45	12,5
Portfolio aus US-Aktien	7,11	19,37	13,3

Quelle: Summers 2007

Summers weist darauf hin, dass geringe Rendite-Unterschiede große Wirkungen haben können. So bringe einem Land wie China mit seinen gigantischen Devisenreserven eine 1-Prozentpunkt höhere Rendite auf seine grenzüberschreitenden Finanzanlagen ein Plus von 0,5 Prozent des chinesischen BIP.

Dass gerade viele asiatische Schwellenländer und Öl-Exporteure ihre Devisenreserven in Dollar-Papieren halten, geht seinerseits mit einem nicht unerheblichen Konzentrationsrisiko einher. Denn ein Wertverlust des US-Dollar senkt den Wert der Devisenreserven unmittelbar. So minderten Währungsschwankungen Chinas Devisenreserven im Jahr 2006 um 3,4 Mrd. Dollar.

Nun geht ein verstärktes Investment in Aktien auch mit stärkeren Wertschwankungen und damit mit deutlichen Risikoaufschlägen einher. Dies zeigen die annualisierten Standardabweichungen der Renditen in der Tabelle. Bislang jedoch zeigte der Trend an den Wertpapierbörsen langfristig aufwärts. Mit Aktien war in den meisten Jahren eine positive Rendite zu erzielen. Ergebnis: Bei einem Anlagehorizont von zehn Jahren sinkt die Wahrscheinlichkeit, dass mit einem diversifizierten Portfolio eine negative Rendite erzielt wird, deutlich unter die eines herkömmlichen Zentralbankreserveportfolios. »Dies bedeutet, dass Regierungen auf lange Sicht substanzielle Nettogewinne erzielen können, wenn sie überschüssige Einkünfte oder Reserven in ein eigenständiges Fondsmanagement überführen« (Kern 2007, 7). Diese Berechnung basiert natürlich auf Vergangenheitswerten. Garantien positiver Aktienrenditen für die Zukunft gibt es nicht. Bislang sind die Staatsfonds damit dennoch gut gefahren. Laut Medienberichten erzielte der SWF GIC aus Singapur seit seiner Auflegung ein Plus von rund 9,5 Prozent jährlich, Temasek kam sogar auf 18 Prozent. Norwegens GPFG kam auf 6,9 Prozent jährlich in den vergangenen zehn Jahren. US-Treasuries brachten es in den vergangenen fünf Jahren dagegen nur auf eine jährliche Rendite von 4,12 Prozent.

Anlagestrategien von Staatsfonds

Staatsfonds sind eine heterogene Gruppe, zwischen ihnen bestehen deutliche Unterschiede in Anlageverhalten und Risikomanagement. Diese Unterschiede sind auf die verschiedenen Ziele der Fonds zurückzuführen: Während Generationenfonds eher langfristig investieren, können Stabilisierungsfonds auch kurzfristig auf Finanzierungs- und Investitionsentwicklungen reagieren. Bei der Erreichung ihrer Ziele jedoch können Staatsfonds theoretisch weitgehend unbeeinflusst in die Vermögenswerte investieren, die ihnen für die ihnen anvertrauten Mittel geeignet erscheinen. In manchen Fällen wird das Ausmaß der Investitionsfreiheit gesetzlich oder in den Gründungsstatuten des Fonds geregelt. Deutlich anders als im Reservenmanagement der Zentralbanken, die ihre Investitionen traditionell auf Edelmetalle – insbesondere Gold – sowie Staatsanleihen – meist US Treasury Bills – beschränken, sind die Anlageklassen, in die Staatsfonds investieren, wesentlich breiter und schließen staatliche und private Schuldverschreibungen ebenso ein wie Aktien, Private Equity, Immobilien und Derivate.

Falls nicht anders geregelt, unterliegen Staatsfonds keinerlei Investitionsbeschränkungen hinsichtlich bestimmter Risiken bei Anlageklassen oder Währungen, wie sie für private Pensions- oder Investmentfonds üblich sind. Hinsichtlich ihrer Freiheit bei der Auswahl ihrer Investitionen sind Staatsfonds daher eher mit Hedge-Fonds zu vergleichen. Gleichzeitig kann gemäß ihren Anlagezielen ihr Investitionshorizont als relativ langfristig bezeichnet werden, während rein spekulative Elemente keine dominante Rolle spielen sollen. Dies unterscheidet die Anlagestrategie von Staatsfonds grundsätzlich von der der Hedge-Fonds. In der Praxis entspricht die Fonds-Allokation daher typischerweise der von Pensionsfonds. Deutlich wird dies unter anderem am Beispiel des norwegischen Government Pension Fund Global (GPFG), einer der größten staatlich kontrollierten Fondsgesellschaften[19]. Andere Fonds wie ADIA oder Temasek wiederum erwerben Anteile an ausgewählten Unternehmen. Dabei verfolgen sie zumeist eine passive Strategie gegenüber dem Unternehmensmanagement, und intervenieren nur in Einzelfällen auch direkt in die Unternehmensführung, ähnlich der Strategie von Private-Equity-Firmen.

Wie viele Milliarden Staatsfonds in Deutschland investiert haben, ist unbekannt. Bereits seit den siebziger Jahren ist Kuwait an Daimler beteiligt. Das Land besaß auch Anteile an Hoechst, das in Aventis und später in Sanofi-Aventis aufging. An ThyssenKrupp hielt Iran zeitweise 25 Prozent. Im vergangenen Frühjahr übernahm der DIFC aus Dubai 2,2 Prozent an der Deutschen Bank. Viele Beteiligungen sind nicht sichtbar, da sie sich unter der meldepflichtigen Schwelle von 3 Pro-

---

19 Nach den Statuten des GPFG müssen 50 Prozent bis 70 Prozent des Gesamtportfolios in festverzinsliche Wertpapiere und 30 Prozent bis 50 Prozent in Aktien investiert werden. 40 Prozent bis 60 Prozent des Aktienportfolios wird in Währungen und Märkten in Europa angelegt, 25 Prozent bis 45 Prozent in Nord- und Südamerika oder Afrika und 5 Prozent bis 25 Prozent in Asien und Ozeanien.

zent bewegen. Laut Medienberichten flossen 2005 schätzungsweise 3,5 Mrd. Dollar an Staatsfonds-Geldern in europäische Unternehmen, 2006 waren es 11,6 Mrd. Dollar und 2007 gut 20 Mrd. Dollar. Das waren wesentlich geringere Summen als sie die USA verzeichneten.

Undurchsichtige Fonds – Die neuen UFOs

Hauptkritikpunkt an den SWF ist ihre mangelnde Transparenz.»At present, SWFs have very low transparency, and they will likely remain opaque for the foreseeable future« (Jen 2007b, 3). Unklar ist oft, wer diese Fonds konkret leitet und welche Anlagepolitik verfolgt wird. Laut Kern ist besonders im Fall des diskretionären Fondsmanagements wenig darüber bekannt, inwieweit das Management von Staatsfonds in seinen Investitionsentscheidungen unabhängig ist, oder ob die Regierung, in deren Namen der Staatsfonds operiert, tatsächlich interveniert und hinter derartigen Interventionen politische Motivationen stehen. Analog zu den ›Unidentified Flying Objects‹ (UFOs) könnte man von den SWF als ›Unidentified Financial Objects‹ sprechen.

Zwischen den SWF bestehen jedoch große Unterschiede, inwieweit sie die Öffentlichkeit über ihre Ziele, Tätigkeiten und Ergebnisse informieren. So ist zum Beispiel der weltgrößte SWF, die ADIA aus Abu Dhabi, einer der verschwiegensten Staatsfonds. Über seine Anlageziele erfährt die Öffentlichkeit nichts, über seine Investments wenig. Gänzlich unklar ist auch noch, wie der chinesische SWF CIC verfahren wird.»CIC-Chairman Lou Jiwei is reported to have said, ›The purpose is to realize a maximization of long-term investment returns within an acceptable risk range.‹ Chairman Lou's characterization in hardly operational« (Truman 2007, 14). Der Staatsfonds Temasek aus Singapur gilt als sehr transparent, nicht so dagegen Singapurs GIC. Der Fonds berichtet bislang lediglich an den Präsidenten und den Finanzminister Singapurs und öffnet sich erst allmählich in seiner Kommunikation. Dem Misstrauen Vorschub leistet auch das Management der Singapurer SWF: Chef von GIC ist Staatsgründer und langjähriger Premier Lee Kuan Yew, ihm zur Seite steht sein Sohn Lee Hsien Loong, amtierender Staatschef Singapurs. Seine Frau, Ho Ching, führt die Geschäfte bei Temasek. Gänzlich transparent ist dagegen der norwegische SWF. Er wird von der norwegischen Notenbank verwaltet, die regelmäßig und ausführlich über Anlagen, Ergebnisse und Anlagestrategie Rechenschaft ablegt. Performance und Risiko-Engagements werden quartalsweise veröffentlicht, jährlich gibt es eine Aufstellung der rund 3 500 Unternehmen, an denen der Fonds beteiligt ist.

Truman (2007) hat 32 Staatsfonds aus 28 Staaten anhand von vier Kriterien untersucht (Structure, Governance, Transparency/Accountability, Behaviour) und bewertet sie mittels eines Punkte-Systems. In der Kategorie Transparency/Accountability erzielt der neuseeländische Superannuation Fund 12 von 12 möglichen

Transparenz-Punkten, gefolgt vom Petroleum Fund Ost-Timors (11,75 Punkte), dem norwegischen Pensionsfonds (10,5), dem State Oil Fund aus Aserbeidschan (9,5), dem kanadischen Alberta Heritage Savings Trust Fund (9), dem Alaska-Fonds (8,5) und Temasek aus Singapur (8). Zum Vergleich: Der größte US-Pensionsfonds Calpers erzielt 10,25 Punkte. Extrem intransparent sind vor allem einige der größten existierenden SWF: Weit unter dem Durchschnittswert von 4,02 Punkten liegen der russische SFRF (3,5 Punkte), die KIA aus Kuwait (3), Singapurs GIC (0,75 Punkte), Chinas Central Huijin Investment Company (die im neuen chinesischen Staatsfonds CIC aufgeht) (0,5), Irans Development Fund (0,5), die Qatar Investment Corp. (0) und der weltgrößte Staatsfonds ADIA (0 Punkte). Auf der Internet-Seite der ADIA finden sich Logo, Adresse und Telefonnummer des Fonds – mehr nicht.

Bis auf Kuwaits KIA erhalten die Fonds der nahöstlichen Ölproduzenten durchweg Werte unter 1, sind also extrem intransparent. Die saudischen Investmentvehikel sind aufgrund mangelnder Daten in der Liste noch nicht einmal aufgeführt. Laut HypoVereinsbank sind dies »privat geführte Institutionen, von denen wir nicht viel wissen«[20]. Nur sporadisch dringen Meldungen an die Öffentlichkeit. »Spärliche Informationen über die Anlagestrategien von Staatsfonds, gepaart mit der Ungewissheit über mögliche politische Motive für diskretionäre Investitionen in Ländern mit liquiden und effizienten Kapitalmärkten haben zu der weit verbreiteten Meinung beigetragen, Staatsfonds seien undurchschaubare, wenn nicht gar unberechenbare Akteure an den globalen Finanzmärkten« (Kern 2007, 8).

Ihre Intransparenz kombiniert mit ihrer Freiheit der Geldanlage ist für die SWF wiederum ein Vorteil, da sie unbehelligt und unbeeinflusst von der Außenwelt investieren können – ein Vorteil, den andere Investmentmanager auch gerne genießen würden: »Andrew Rozanov of State Street Bank argues that the lack of well-defined obligations and the ability to retain funds indefinitely while not having to reveal results is an investment advantage. The funds can harvest the benefits of volatility and illiquidity unavailable to the risk averse« (Economist 2007b). Auch aus diesem Grund haben sich bislang gerade SWF aus dem Nahen Osten gegen Forderungen nach mehr Transparenz gewehrt.

Marktgröße...

Da Staatsfonds in der Regel keine näheren Informationen über ihre Geschäfte veröffentlichen, können einzelne Größenangaben und das Gesamtvolumen der von ihnen verwalteten Assets nicht genau quantifiziert werden. So taxiert die britische Investmentbank Standard Chartered allein das Volumen der ADIA aus Abu Dhabi

---

20 Berliner Zeitung 5.4.2007.

auf »irgendwo zwischen 250 und 1000 Mrd. Dollar«[21]. Morgan-Stanley-Volkswirt Stephen Jen, auf den sich die meisten der Medienberichte beziehen, spricht bei seinen Kalkulationen lediglich von »guesstimates«.

Ende 2007 schätzte die US-Investmentbank Merrill Lynch das gesamte SWF-Vermögen auf 1,9 Bill. Dollar, Standard Chartered errechnete 2,2 Bill. Dollar und die US-Investmentbank Morgan Stanley 2,5 Bill. Dollar. Laut Deutsche Bank lag 2007 das von Staatsfonds verwaltete Vermögen sogar bei 3,1 Bill. Dollar (Kern 2007). Diese Summe sei mehr als doppelt so groß wie das von Hedge-Fonds verwaltete Vermögen von 1,4 Bill. Dollar[22], sie entspricht aber nur einem Siebtel des von globalen Investment-Fonds verwalteten Vermögens (21 Bill. Dollar), 6 Prozent der weltweiten Aktienmarktkapitalisierung und weniger als 5 Prozent der Bankaktiva weltweit. Volumenmäßig ist die Staatsfonds-Industrie also zwar von größerer Bedeutung als Hedge-Fonds, aktuell aber wesentlich kleiner als die meisten anderen institutionellen Investoren wie Pensionsfonds (ca. 23 Bill. Dollar Anlagevermögen), Privatverwaltungen (ca. 26 Bill. Dollar) oder Versicherungen (ca. 19 Bill. Dollar).

Innerhalb der Staatsfonds-Branche dürfte das Gewicht der asiatischen Staaten in Zukunft wachsen. Nach Schätzungen von Jen (Jen 2007b) machen derzeit SWF, die sich aus Öl- und Gas-Exporten speisen, noch etwa zwei Drittel des gesamten SWF-Vermögens aus. Diese Relation werde sich aber mit dem dynamischen Wachstum vor allem Chinas verschieben. Bis zum Jahr 2015 werde der Anteil der Öl-Exporteure am weltweiten SWF-Vermögen daher auf 50 Prozent fallen. Bis zum Jahr 2009 werde das Volumen des SWF Chinas das Volumen der ADIA aus Abu Dhabi übersteigen, und die Volksrepublik verfüge dann über den weltgrößten Staatsfonds.

… und Wachstumstrends

Uneinigkeit besteht zwar bezüglich der Größe der Staatsfondsbranche, einig sind sich die Autoren jedoch darüber, dass sich das Gewicht der SWF an den globalen Kapitalmärkten deutlich erhöhen wird. Wachsende Einnahmen der betreffenden Staaten durch hohe Rohstoffpreise und hohe Außenhandelsüberschüsse dürften immer mehr Geld in die Staatsfonds spülen, womit sich gerade in den Schwellenländern das Volumen der für Investitionen zur Verfügung stehenden Mittel massiv vergrößern wird. Sichtbar wird die Dynamik am Wachstum des norwegischen Staatsfonds: Im vierten Quartal 2007 beliefen sich seine Anlagen auf 385 Mrd.

---

21 Bloomberg-News 22.10.2007.

22 Zu bedenken ist bei diesem Vergleich jedoch, dass Hedge-Fonds für ihre Investments massiv Kredite aufnehmen und sie über diesen Hebel ihr Anlagevolumen erhöhen. Während Hedge-Fonds 2007 etwa 1 Prozent des globalen Finanzvermögens verwalteten, kontrollierten sie mit Hilfe von Kreditfinanzierungen etwa 3 Prozent des globalen Finanzvermögens.

Dollar, eine Steigerung von fast 60 Prozent innerhalb von zwei Jahren. Sein Engagement im Bereich der Unternehmensbeteiligungen hat sich im selben Zeitraum sogar auf 161,4 Mrd. Dollar fast verdoppelt. Die norwegische Regierung rechnet damit, dass der Fonds Anfang des Jahres 2015 etwa 760 Mrd. Dollar schwer sein wird (nach aktuellen Wechselkursen)[23].

Dass das Vermögen von Staatsfonds deutlich steigen dürfte, zeigt sich – neben anderen Variablen – im Wachstum der Währungsreserven. Sie stellen in vielen Ländern eine der Hauptquellen der Staatsfonds-Finanzierung dar und sind ein wichtiger Indikator für die Nettokapitalzuflüsse in ein Land, auch wenn eine genaue Korrelation zwischen beiden Variablen nicht bekannt ist. Internationale Währungsreserven sind kräftig gewachsen, nicht zuletzt zur Stabilisierung der Wechselkurse von Schwellenländern in Folge negativer Erfahrungen in der Asienkrise 1997. Im vergangenen Jahrzehnt legten sie weltweit um jährlich 13 Prozent zu, in den letzten fünf Jahren sogar um 20 Prozent. Wachsende Reserven verzeichnen aufgrund steigender Rohstoffpreise besonders die Ölexport-Staaten, aber auch Länder wie China, Südkorea oder Taiwan, die von einer gewachsenen Wettbewerbsfähigkeit und positiven Leistungsbilanzen gegenüber den Industriestaaten profitieren.

Währungsreserven in Mrd. Dollar

	12/07	12/06	12/05	12/04
China	1528	1066	819	610
Russland	464	296	176	121
Brasilien	180	86	54	53
Singapur	163	136	116	113
Welt	6098	4811	4046	3524

Quelle: Bloomberg

Im Mittelpunkt dieser Entwicklung steht die bedeutende Nachfrage seitens der Industrieländer nach Rohstoffen, Gütern und Dienstleistungen aus diesen Regionen, die die Ursache für hohe Leistungsbilanzüberschüsse dort und für das gigantische Handelsbilanzdefizit in den USA sind. Diese Entwicklung schlägt sich in der regionalen Verteilung von Staatsfonds nieder. »Die Einkünfte und Währungsreserven in den betreffenden Ländern dürften so lange weiter anwachsen, wie Konsum- und Produktionsschemata in den Industrie- und Schwellenländern und die daraus resultierenden Leistungsbilanzüberschüsse fortbestehen und es nicht zu

---

23 Internetseite des norwegischen SWF: www.norges-bank.no/Pages/Article____41137.aspx

grundlegenden Änderungen bei den Wechselkursrelationen oder in der Wechselkurspolitik kommt« (Kern 2007, 9).

Was dies genau für das Wachstum der SWF bedeutet, darüber existieren auf Grund der unsicheren Datenbasis sehr unterschiedliche Schätzungen.

- Die Deutsche Bank rechnet damit, dass sich das von Staatsfonds verwaltete Gesamtvermögen bis 2012 auf über 5 Bill. Dollar und innerhalb des nächsten Jahrzehnts auf über 10 Bill. Dollar erhöhen könnte[24] (Kern 2007).
- Laut Morgan Stanley übersteigt das Vermögen der Staatsfonds im Jahr 2011 mit etwa 6,1 Bill. Dollar das Volumen der globalen offiziellen Devisenreserven, legt bis 2015 auf 12 Bill. Dollar und bis 2022 auf 28 Bill. Dollar zu – angenommen, die Einnahmen aus dem Ölexport steigen in den nächsten Jahren um jährlich 10 Prozent (wovon ein Teil in die SWF eingespeist wird) und unter der Voraussetzung einer jährlichen SWF-Rendite von 5,5 Prozent (Jen 2007b).
- Die US-Investmentbank Merrill Lynch prognostiziert ein Wachstum des SWF-Vermögens von 1,9 Bill. Dollar 2007 auf 7,9 Bill. 2011[25].
- Die britische Investmentbank Standard Chartered prognostiziert ein Wachstum auf 13,4 Bill. bis zum Jahr 2017[26].

Kapitalstrom in die Industriestaaten

Es wäre nun anzunehmen, dass die enormen Mittel der Staatsfonds in den Industrieländern als Kapitalquelle willkommen geheißen werden. »Da beide Staatsfonds-Typen – Pensionsfonds- ebenso wie Private-Equity-Fonds-artige – in der Tendenz langfristige Ziele verfolgen, dürften sie von Unternehmen, die eine stabile Kapitalbasis suchen, als sehr attraktive und verlässliche Investoren betrachtet werden. Tatsächlich werden Staatsfonds bereits seit einiger Zeit von Investor-Relations-Managern aus aller Welt aktiv umworben« (Kern 2007, 10). Zudem gaben in Deutschland bislang Investitionen wie die der Staatsfonds aus den VAE und aus Singapur an Daimler oder des kuwaitischen SWF am europäischen Luftfahrt- und Rüstungsunternehmen EADS keinen Anlass zur Aufregung. »Die Erfahrungen bei Daimler und EADS mit diesen Investoren sind bisher durchaus positiv« (Andreae 2007, 3). Auch die umfassenden chinesischen Investitionen in US-Staatsanleihen seien Routine.

---

24 Kern weist darauf hin, dass diese Kalkulation erhebliche rechnerische Unsicherheiten beinhaltet. Das tatsächliche Wachstum der Staatsfonds-Vermögen könnte wesentlich schwächer ausfallen, wenn die Kapitalzuflüsse in Staatsfonds beispielsweise durch eine allgemeine Konjunkturabschwächung, durch nachlassende Wettbewerbsfähigkeit in den Exportländern oder – im Fall Erdöl exportierender Länder – durch langsamer steigende Ölpreise geringer werden. Andererseits führten optimistischere Annahmen über die allgemeine Konjunkturlage und die Situation an den Rohstoffmärkten zu deutlich höheren Prognosen. Zudem könnten die Staatsfonds-Länder zusätzliche Währungsreserven an die Fonds übertragen. Dies ist laut Kern »angesichts der derzeitigen Reservenüberschüsse in den Schwellenländern durchaus denkbar. Sogar bei einer konservativen Schätzung könnten sich die Reservenüberschüsse in den Schwellenländern derzeit auf über USD 1,5 Bill. belaufen«. Insofern betrachtet Kern seine Prognose als konservativ, da sie Neuzuweisungen an Staatsfonds nicht berücksichtigen können.

25 Mukherjee 2007.

26 Ebenda.

Aus all dem könnte man schließen, dass nichts an der Entwicklung des Staatsfonds-Segments besonders neuartig oder beunruhigend ist. Dennoch stehen Staatsfonds im Kreuzfeuer der Kritik – aus der Politik ebenso wie aus der Wirtschaft. In der EU und den USA wird darüber diskutiert, ob entsprechende Schutzmaßnahmen ergriffen werden sollten. Dies liegt einerseits an der jüngsten Zunahme ihrer Zahl, an der Geschwindigkeit der Vermögens-Anhäufung und am schieren Volumen der größeren SWF.

Letztlich aber lassen sich die Bedenken und die Diskussion in den großen Industrieländern nur verstehen vor dem Hintergrund einer globalen polit-ökonomischen Machtverschiebung und einer verschärften Konkurrenz auf dem Weltmarkt in den vergangenen Jahren. Die Stichworte hierfür heißen ›Aufstieg der BRIC‹ (BRIC = Brasilien, Russland, Indien, China) und ›Kampf um Rohstoffe‹. Auf diese Punkte soll im folgenden eingegangen werden um zu zeigen, dass es in der Staatsfonds-Debatte nicht um Anlagevehikel aus Staaten wie Norwegen oder Australien geht[27], sondern dass der Schutz vor Staatsfonds nur ein Baustein in der Strategie des ›Westens‹ zur Sicherung seiner Machtposition angesichts des Aufstiegs neuer Konkurrenten ist. »Eine neue Qualität erhält die Debatte durch die geballte Finanzkraft russischer und chinesischer Staatskonzerne... Denn gerade diese beiden Länder sind für manche fast so etwas wie ökonomische Schurkenstaaten« (Spiegel 2.7.2007).

Die neue Machtgeografie der Weltwirtschaft

Der Aufstieg der Staatsfonds spiegelt eine Veränderung der globalen Potenzen wider und ist Teil dieser Veränderung. »Der weltweite Reichtum verschiebt sich und damit die ökonomischen Machtverhältnisse«, sagt der Europachef der US-Investmentbank JP Morgan, Klaus Diederichs (Die Welt, 6.1.2008). Die Vorherrschaft des ›Westens‹ – repräsentiert durch die USA, die EU und Japan, bzw. die G7 – ist zwar nicht beendet, sie wird aber zunehmend relativiert. Und zwar durch Staaten, die ohnehin im Visier der G7 stehen: China und Russland. Die »Debatte über den Umgang mit Staatsfonds thematisiert insbesondere die mögliche Geschäftspolitik der staatlichen Anlagefonds der Länder China und Russland« (Andreae 2007). Auf diese globale Machtverschiebung und ihre aktuellen Kampffelder soll im Folgenden näher eingegangen werden um zu zeigen, in welches Umfeld sich die Staatsfonds-Debatte einfügt bzw. aus welchem Umfeld sie entstanden ist.

---

27 So kommentierte Knut Kjaer, Manager des norwegischen GPFG, die Diskussion um Staatsfonds auch überrascht mit: »Wir haben nie ein Problem auf irgendwelchen Märkten gehabt, weil wir Staatsgelder verwalten« (Interview mit Bloomberg News am 17.10.2007).

Aufstieg der BRIC-Staaten

Auffälligster Indikator der globalen Machtverschiebung ist der Aufstieg Chinas zu einem veritablen Konkurrenten der G7-Staaten um ökonomische und politische Macht. Aber auch die anderen Staaten der so genannten BRIC-Gruppe – Russland, Indien, Brasilien – werden in Europa und den USA zunehmend als Bedrohung wahrgenommen. In diesem Zusammenhang widerrufen auch neoliberale Denker das weithin geltende Dogma, dass weltwirtschaftliches Wachstum letztlich allen Beteiligten nutzt: »Weltmarktanteile, die Asien gewinnt, gehen anderswo verloren« (Buchensteiner 2006, 4).

Seit 1980 ist die chinesische Volkswirtschaft um rund 1000 Prozent gewachsen, die indische um rund 360 Prozent. In den USA hat sich die Wirtschaftsleistung dagegen lediglich etwa verdoppelt, die Deutschlands legte um etwa 60 Prozent zu. Was die etablierten Weltmächte EU, Japan und USA jedoch beunruhigt, ist nicht allein das rasante Wachstum – das zeigen viele Schwellenländer – sondern die pure ökonomische Masse der neuen Konkurrenten. Machte Chinas Bruttoinlandsprodukt 1980 noch 0,5 Prozent der weltweiten Wirtschaftsleistung aus, so hält die US-Investmentbank Goldman Sachs es für möglich, dass Chinas BIP bereits 2035 größer sein könnte als das der USA und Indien in derselben Zeit Japan überholen könnte. »Versinkt die Region nicht in Unruhen oder Kriegen, werden Indien, China und Japan in vier Dekaden die Hälfte des Weltbruttosozialprodukts erwirtschaften« (Buchensteiner 2006, 5).[28]

Bruttoinlandsprodukt (in Wechselkursen) 2007 in Mrd. US-Dollar	
USA:	13201
Euro-Raum	10526
Japan	4340
Deutschland	2906
Großbritannien	2345
Frankreich	2230
Italien	1844
Kanada	1251
China	2668
Brasilien	1068
Russland	987
Indien	906

28 Relativierend wäre anzumerken, dass laut IWF Chinas Bruttoinlandsprodukt pro Kopf mit 2.461 US-Dollar pro Jahr 2007 immer noch auf Rang 106 liegt (zum Vergleich USA: 45.845 US-Dollar). Auch nach Kaufkraftparitäten berechnet rangiert China noch auf Platz 100, hinter Samoa, Ägypten oder Angola.

Verteilung der weltwirtschaftlichen Leistung (in Prozent)

	2004[29]	2025	2050
USA	28	27	26
EU	34	25	15
Japan	12	7	4
China	4	15	28
Indien	2	5	17
Sonstige	20	21	10

Quelle: Goldman Sachs (zitiert nach Buchensteiner 2006)

Dabei ist zu bedenken, dass volkswirtschaftliche Projektionen mit Vorsicht zu genießen sind. Üblicherweise sind Ökonomen nicht einmal in der Lage, das Wirtschaftswachstum des bereits laufenden Jahres vorherzusagen, langfristige Prognosen gestalten sich umso unsicherer. So wurde bereits in den achtziger Jahren vor dem Hintergrund des Aufstiegs Japans ein ›pazifisches Zeitalter‹ ausgerufen, was jedoch nicht anbrach. Ob sich die Verschiebung der weltweiten Gewichte genau so wie erwartet vollziehen wird, ist an dieser Stelle jedoch nicht entscheidend. So gut wie sicher ist, dass das Gewicht Europas und auch das der USA schrumpfen wird.

Der Aufstieg der Schwellenländer und ihrer Finanzmacht zeigt sich auch an anderen Stellen:

- Im Zuge ihres vor allem exportgetriebenen Aufstiegs verfügen die Schwellenländer über zunehmende Massen an Devisenreserven, aus denen sich auch die Staatsfonds speisen. So betrugen Chinas Devisenreserven 1992 noch 19,4 Mrd. Dollar oder 4 Prozent des chinesischen BIP. Im Jahr 1996 stiegen die Reserven über 100 Mrd. Dollar, 2001 über 200 Mrd. Dollar und lagen Ende 2007 derzeit bei über 1 500 Mrd. Dollar oder über die Hälfte des BIP[30]. Auch in Russland schießen die Einnahmen aus dem Öl- und Gasexport in die Höhe. Im Jahr 2000 betrugen sie noch 53 Mrd. Dollar, im Jahr 2007 waren es rund 180 Mrd. Dollar.

---

29 Die Angaben beruhen auf Berechnungen nach aktuellen Wechselkursen. Da Chinas Währung stark unterbewertet ist, wird damit der chinesische Anteil am Welt-BIP unterzeichnet. Nach Kaufkraftparitäten betrug Chinas Anteil 2007 10 Prozent, die EU kam auf etwa 16 Prozent, die USA auf 23 Prozent, Japan auf 7 Prozent und Indien auf 4 Prozent.

30 Dieses Wachstum wird sich fortsetzen. Eine Rendite von 5 Prozent unterstellt wachsen Chinas Reserven allein durch die Anlage um jährlich 75 Mrd. Dollar. Zu beachten ist in diesem Zusammenhang allerdings, dass hohe Devisenreserven nur bedingt ein Zeichen der Stärke sind. Zwar sind große Reserven besser als kleine; andererseits aber sind jene Länder am potentesten, die keine Devisenreserven benötigen, da sie sich in ihrer eigenen Währung verschulden und in ihr bezahlen können. So wie die USA oder die EWU-Staaten.

Die wachsende Macht der Schwellenländer an den Kapitalmärkten zeigt sich auch an dem Fakt, dass unter den 10 weltgrößten Finanzunternehmen (gemessen am Börsenwert im März 2008) sich 4 aus China (ICBC, China Construction Bank, Bank of China, China Life) finden, 5 aus den USA (Berkshire Hathaway, Bank of America, JP Morgan, Citigroup, AIG) und eines aus Großbritannien (HSBC). Insgesamt stammen von den gemessen am Börsenwert 10 größten Konzernen der Welt nur noch 2 – Exxon und General Electric – aus den Industrieländern, von den größten 20 sind es immerhin noch 10.[31]

Ölpreis-Hausse – wachsende Macht der Opec

Profiteure des starken weltwirtschaftlichen Wachstums insbesondere in den Schwellenländern sind die Rohstoff-Produzenten, vor allem die Ölförderstaaten. Mit dem Boom der Weltwirtschaft hat sich die Nachfrage nach Metallen, Agrarrohstoffen aber auch nach Öl und Gas deutlich erhöht. Infolge ist ihr Preis in die

---

31 Gemessen nach Kernkapital bzw. Bilanzsumme liegen die chinesischen Banken allerdings noch zurück, die ICBC weist z. B. nur die Hälfte der Bilanzsummer der schweizerischen UBS aus.

Höhe gesprungen. Seit dem zyklischen Tief des Ölpreises im Jahr 1998 ist der Preis für das Barrel die Sorte WTI bis Ende 2007 um 550 Prozent gestiegen. Inflationsbereinigt beträgt das Plus über 300 Prozent.

Entwicklung Ölpreis in $/Barrell	
Dezember 2007	96,00
Juni 2007	70,68
Dezember 2006	61,05
Juni 2006	73,93
Dezember 2005	61,04
Juni 2005	56,50
Dezember 2004	43,45
Juni 2004	37,05
Dezember 2003	32,52
Juni 2003	30,19
Dezember 2002	31,20
Juni 2002	26,86
Dezember 2001	19,84
Juni 2001	26,26
Dezember 2000	26,80
Juni 2000	32,50
Dezember 1999	25,60
Juni 1999	19,29
Dezember 1998	12,09
Juni 1998	14,26

Durchschnittswerte je Monat.
Quelle: Bloomberg.

Die Verteuerung von Energie wirkt als eine globale Umverteilung von Reichtum von den Verbraucherstaaten zu den Lieferstaaten. Verdienten die Ölproduzenten im Jahr 2005 noch etwa 700 Mrd. Dollar am Energieexport, so waren es 2006 etwa 840 Mrd. Dollar, schätzt die HypoVereinsbank[32]. Allein die Opec-Staaten dürften 2006 etwa 620 Mrd. Dollar eingenommen haben und im Folgejahr noch einmal 10 Prozent mehr. Spitzenreiter 2007 war Saudi-Arabien mit Öleinnahmen von 194 Mrd. Dollar[33].

32 Als ein Ergebnis der Ölpreishausse sind die Energiekonzerne immer stärker gewachsen: Von den 10 Konzernen mit dem weltweit größten Unternehmenswert kommen 7 aus dem Öl- und Gassektor, nur 3 (General Electric, China Mobile, Industrial and Commercial Bank of China) aus dem Nicht-Energiebereich. Bemerkenswert ist zudem, dass von den 7 größten Energiekonzernen 6 (Saudi Aramco, Petrochina, Pemex, Petróleos de Venezuela, Kuwait Petroleum, Gazprom) in den Schwellenländern zu Hause sind, nur eines (Exxon) kommt aus den Industriestaaten.
33 Schätzung der EIA. Unicredit: Global Economics. 14.3.2008.

Zwischen 2002 und 2006 stieg der Handelsbilanzüberschuss der Organisation erdölexportierender Staaten (Opec) gegenüber den USA von 3,25 Prozent auf 5,25 Prozent des BIP. Erzielte die EU 2002 noch einen Überschuss im Handel mit der Opec, so hatte sich dieser bis 2006 in ein Minus von fast 1 Prozent des BIP verwandelt. Im Jahr 2006 lag der Leistungsbilanzüberschuss der Opec-Staaten bereits so hoch wie der der asiatischen Schwellenländer inklusive China. Allein die Golf-Anrainer Bahrain, Kuwait, Oman, Katar, Saudi-Arabien und die VAE werden 2008 einen Leistungsbilanzüberschuss von 250 (Vorjahr 215) Mrd. Dollar erzielen, schätzt das Institute of International Finance (IIF) in Washington (FTD 17.1.2008).

Angesichts dieses Geldflusses zu den Ölproduzenten stellt sich die Frage: »What happened to all these petrodollars?« (Bandholz 2007, 2) Tatsache ist, dass der größte Teil wieder in die Industriestaaten zurückfließt. Einer der Kanäle für diesen Rückfluss ist der Import. So sind die Einfuhren der Mitglieder der Opec zwischen 1998 und 2006 von 180 auf fast 400 Mrd. Dollar gestiegen, errechnet die HypoVereinsbank. Tatsächlich aber verwendeten die Opec-Staaten lediglich bis zum Jahr 2002 einen großen Teil ihrer Zusatzeinnahmen zur Finanzierung zusätzlicher Importe. »Too often they wasted their windfall profits on unthrifty construction projects that required imported equipment but did little to create local jobs and to foster sustainable economic growth … It seems that oil exporters are spending their petrodollars more prudently this time« (Bandholz 2007, 3).

Seit einigen Jahren versuchen die Opec-Staaten, ihre Einnahmen zum Aufbau und zur Stärkung ihrer lokalen Wirtschaft zu nutzen. Ihre aktuellen Pläne umfassen Projekte im Öl- und Gas-Sektor, Investitionen in Infrastruktur und Immobilien. Saudi-Arabien plant die Gründung von sechs »new economic cities« – die größte von ihnen soll King Abdullah Economic City werden – die laut Schätzungen zusammen nicht weniger als 80 Mrd. Dollar von ausländischen Investoren anziehen werden. »Abu Dhabi und vor allem Dubai sind dabei, sich zu Knotenpunkten der globalen Ökonomie zu entwickeln, zu Kreuzungen der Energie-, Waren-, Kapital, und Menschenströme; Retortenmetropolen werden aus dem Sand gestampft; ganze Branchen, von der Petrochemie bis zur Unterhaltungsindustrie, werden nach den Masterplänen der Scheichs und ihrer Berater hochgezogen« (Müller/Student 2007). In Dubai, dessen Ölreserven in etwa 20 Jahren versiegt sein dürften, macht der Ölsektor nur noch 7 Prozent des Bruttoinlandsprodukts des Landes aus, den Rest bestreiten vorrangig Logistik, Immobiliensektor und Tourismus. Mit seiner neuen Freihandelszone ›Dubai International Financial Centre‹ (DIFC) versucht das Land, ausländisches Kapital anzuziehen – DIFC war ursprünglich die Investition eines Staatsfonds aus Dubai. Herzstück dieser Zone ist die neue Börse Dubai International Financial Exchange DIFX. 2006 beliefen sich die ausländischen Direktinvestitionen in das Emirat auf 18 Mrd. Dollar. »Die Datenbank des Informationsanbieters Emporis listet 174 fertige Hochhäuser, 292 befinden sich im Bau und für 224 Gebäude liegt bereits eine Genehmigung vor.

5 Prozent aller weltweiten Baukräne sollen sich zur Zeit im Wüstenemirat drehen«.[34]

Der Wert der in den Golfstaaten geplanten Projekte soll sich auf mindestens eine Billion Dollar summieren. Auf diese Weise versuchen die Ölexporteure, unabhängiger vom Ölmarkt – und damit unabhängiger von der Nachfrage aus den Industrieländern – zu werden und zu eigenständigen Spielern auf den Weltmärkten aufzusteigen. »Gulf nations are looking to play a bigger role in the global economy with high oil prices«, sagt Laura James, Nahost-Expertin bei der Economist Intelligence Unit. »They are starting to feel their strengths« (Bloomberg News 24.1.2008).

Doch absorbieren Import und lokale Investitionen nur einen Teil der zusätzlichen Gelder aus dem Ölverkauf. Nach Berechnungen des IWF haben die Opec-Staaten zwei Drittel ihrer zusätzlichen Öleinnahmen nicht ausgegeben, sondern gespart, sprich angelegt. 2006 lagen die überschüssigen Ersparnisse der Opec etwa 50 Prozent über denen der exportorientierten Staaten Asiens. Diese Gelder werden vielfach investiert – in Wertpapiere, Bankeinlagen oder als Direktinvestitionen. Zu diesem Zweck gründen die muslimischen Exportstaaten eigene Investmentfirmen. Oder sie stecken die Gelder in bereits bestehende Staatsfonds.

Im Gefolge haben sich Investmentvehikel der Opec-Staaten an vielen Unternehmen aus den Industrieländern beteiligt. So erwarben drei islamische Investmentgesellschaften aus Kuwait 79 Prozent am britischen Sportwagenhersteller Aston Martin. 1997 kaufte sich der saudische Prinz Al-Waleed bin Talal 5 Prozent am US-Computerkonzern Apple. Die Anlagegesellschaft Dubai Investment Group erwarb für 654 Mio. Dollar die Hotelkette Essex House und für 1,6 Mrd. Dollar das Freizeitpark- und Touristik-Unternehmen Tussauds Group, das Anfang März 2007 an den Finanzinvestor Blackstone weitergereicht wurde. Im Januar 2006 kaufte Dubai International Capital für eine Milliarde Anteile an DaimlerChrysler. Mitte Mai 2007 stieg Dubai mit 2,2 Prozent bei der Deutschen Bank ein. All diese Investments und viele weitere liefen geräuschlos und ohne besondere Aufmerksamkeit der Politik ab. Dies sollte sich im Verlauf des Jahres 2007 ändern (mehr dazu im Kapitel 4).

Insgesamt haben die Ölexporteure seit 1998 ihre Portfolio-Investments laut HypoVereinsbank um etwa 580 Mrd. Dollar erhöht. Doch ist dies nur ein Drittel der zusätzlichen gesparten Öl-Milliarden. Ein weiteres Drittel ist in »anderen Investments« wie Bankeinlagen geparkt. Und das dritte Drittel liegt in den Tresoren der nahöstlichen Zentralbanken, dies sind die »offiziellen Reserven«. Alle Opec-Staaten verfügen mittlerweile über ausländische Vermögenswerte von 3,8 Bill. Dollar, schätzt die Unternehmensberatung McKinsey. Daraus erwächst ihnen Macht: Grenzüberschreitende Investments dieser Größenordnung haben »defini-

---

34 Ölgeld übernimmt die Macht. Telepolis, 8.1.2008. www.heise.de/tp/r4/artikel/27/27009/1.html

tiv einen Einfluss auf Vermögenspreise und Wechselkurse« (Bandholz 2007, 6). Zum Beispiel auf den Kurs des US-Dollar, der wichtigsten Determinante der Weltfinanzmärkte. Denn die offiziellen Devisenreserven der Öllieferstaaten bestehen vorallem aus US-Dollar – in Anleihen von Unternehmen, aber auch in US-Staatsanleihen. Alles in allem fließen laut HypoVereinsbank etwa 70 Prozent, der Ölländer-Investments in die USA. Das bedeutet: Die Öl-Exporteure sind »zu einer wichtigen Finanzierungsquelle des riesigen US-Leistungsbilanzdefizits geworden« (Bandholz 2007, 4). 2006 lag ihr Handelsüberschuss bei etwa 50 Prozent des US-Defizits, der Anteil der asiatischen Schwellenländer nur bei 31 Prozent. Dieser Investmentfluss aus der Opec hat den Dollar gestärkt und den USA damit weitere Abwertungen erspart. Daneben sind die Kurse für US-Wertpapiere gestiegen, was die Zinsen für Staats- wie für Unternehmensanleihen gesenkt hat.

Umkämpfte Terrains

Die wachsende Macht der BRIC und der Erdöl-Exporteure bringt das weltwirtschaftliche Gefüge durcheinander. Diese Staaten bilden zwar keine homogene Gruppe mit einheitlichen Zielen. Doch angesichts ihres Machtzuwachses versagen für die G7 bewährte Regulationsmechanismen zunehmend ihren Dienst. Den Aufstieg der Schwellenländer registrieren die Industriestaaten als Einengung ihrer Handlungsfreiheit. Dies zeigte sich an verschiedenen Punkten, die im vergangenen Jahr – neben den Staatsfonds – die Wirtschaftsberichterstattung beherrschten[35]. Nach Meinung vieler Medien führen die G7 »derzeit mindestens drei Weltkriege: den ›Weltkrieg um Wohlstand‹[36], den Weltkrieg um Rohstoffe[37] und den Weltkrieg um das Klima[38]« (Blume/Kaufmann 2007a).

---

35 Thema sind im Folgenden die unmittelbar wirtschaftlichen Belange. Politische Differenzen zwischen BRIC- und G7-Staaten (Kosovo, Nordkorea, Irak, Iran, Venezuela, Kuba, Sudan, Palästina, etc.) werden ausgeklammert, sind aber virulent und werden die Weltpolitik bestimmen. Buchsteiner merkt nicht umsonst an, dass die Militärausgaben Chinas und Indiens zwischen 1996 und 2006 um 170 Prozent bzw. 72 Prozent gewachsen sind. Die der USA legten ›nur‹ um 34 Prozent zu und die Westeuropas um knapp 5 Prozent. »Unaufhaltsam wachsen Indien und China aus dem Anzug des Regionalspielers heraus. Nicht nur ihre Atomarsenale und ihre Raketensysteme, auch ihre Flottenverbände und nicht zuletzt die Mannstärke ihrer Truppen sind auf ein potentiell weltweites Engagement zugeschnitten« (Buchsteiner 2006, 12).

36 Titel des Buches von Gabor Steingart, Ressortleiter Wirtschaft des »Spiegel«. Dieses Buch ist ein Beispiel für das Zusammenspiel von Presse und Politik: In seinem Buch warnt der Angela-Merkel-Unterstützer Steingart vor der wachsenden Macht Chinas und propagiert daher die Bildung einer Transatlantischen Freihandelszone (TAFTA) aus EU und USA – ein Lieblingsprojekt von CDU und Merkel. Die Bundesregierung im Gegenzug bezieht sich in einem Informationspapier auf diese von ihr angestoßene Debatte als vorgefundene Lage: »In Deutschland hat zuletzt die Neuerscheinung ›Weltkrieg um Wohlstand‹ (Gabor Steingart) … für Diskussionen gesorgt.«

37 »Kampf um die Rohstoffe. Der neue kalte Krieg«. Spiegel-Titel, Ausgabe Nr. 13/27.3.06.

38 »Kampf um das Klima«, Welt am Sonntag, 11.02.2007.

Rohstoffe

Die BRIC-Staaten und insbesondere China benötigen für ihren Aufstieg immer größere Anteile an den weltweiten Rohstoffvorkommen. Mit fast 70 Prozent der weltweiten Chrom-Importe liegt China weit vor Russland, das gerade einmal auf 13 Prozent kommt. Auch bei Eisenerz und Mangan ist China mit jeweils mehr als 40 Prozent der globalen Importe führend. Lediglich bei Kupferimporten landet China mit knapp 19 Prozent nur auf dem zweiten Platz – knapp hinter Japan. Eine weitere Folge ist der gestiegene Energiebedarf Chinas. Zwischen 1996 und 2006 hat sich sein Ölverbrauch verdoppelt. Stand das Land in der Liste der größten Ölverbraucher der Welt 1990 noch an fünfter Stelle hinter den USA, Japan, Russland und Deutschland, so findet es sich heute an zweiter Stelle hinter den USA (Öldorado 2007). Bereits 1993 hat China den Status eines Netto-Exporteurs von Erdöl verloren, und die Importe sind seitdem kontinuierlich angestiegen. Im Kampf um Rohstoffe »treten inzwischen weitere wachstumsstarke Schwellenländer (Indien, Brasilien und Russland) als konkurrierende Nachfrager auf« (DIW 2007a). Die G7 registriert diese Entwicklung

1. als *Erhöhung ihrer Produktionskosten:* »Wir müssen mit Preisforderungen fertig werden, die es in dieser Höhe und in diesem Tempo jahrzehntelang nicht gegeben hat«, klagt Jürgen Thumann, Präsident des Bundesverbandes der Deutschen Industrie (BDI). Dass Preise bei stagnierendem Angebot und wachsender Nachfrage steigen, ist zwar ein marktwirtschaftliches Gesetz, dieses Gesetz billigt aber der BDI-Präsident an dieser Stelle nicht. Denn »wenn Rohstoffe extrem teuer werden – oder gar fehlen – gerät der Produktionsstandort Deutschland in ernsthafte Schwierigkeiten«.[39] Zudem treibt die Teuerung der Rohstoffe – insbesondere der Agrarrohstoffe – die Inflationsrate in die Höhe. Im vierten Quartal 2007 war sie für die Hälfte des Anstiegs der Inflationsrate in Deutschland auf 3,2 Prozent und in den USA auf 4,4 Prozent verantwortlich[40].

---

39 Jürgen R. Thumann: Rohstoffsicherheit – Herausforderung für die Industrie. Rede auf dem Rohstoffkongress des BDI am 20.3.2007 unter: www.bdi-online.de/de/fachabteilungen/4403.htm
40 Es ist natürlich eine verzerrte Sichtweise, für die Preissteigerungen bei Rohstoffen allein China verantwortlich zu machen. Ursache der Preissteigerungen ist – neben der Rohstoff-Spekulation an den Börsen und den US-Kriegen/-Kriegsdrohungen gegen Irak und Iran – nicht die Zusatznachfrage Chinas, sondern die Tatsache, dass die Gesamtnachfrage aller Verbraucherstaaten immer näher an das Gesamtangebot aller Rohstoff-Staaten reicht. Polemisch ausgedrückt: Deutschland könnte den preissteigernden Effekt der chinesischen Zusatznachfrage kompensieren, indem es einfach weniger Rohstoffe verbraucht. So bliebe die globale Gesamtnachfrage konstant und es gäbe ceteris paribus keine Preissteigerungen.

Preissteigerungen bei Rohstoffen

| | Wert in $ je Fass/Tonne/MMBtu/Feinunze | | |
	1. Quartal 2007	4. Quartal 2007	Entwicklung Q1/Q4 2007
Diesel	544	831	+53 Prozent
Benzin	562	776	+38 Prozent
Kerosin	589	865	+47 Prozent
Erdöl (Brent)	58	89	+53 Prozent
Kupfer	5967	7203	+21 Prozent
Blei	1783	3220	+81 Prozent
Zinn	12673	16325	+29 Prozent
Gold	650	790	+22 Prozent
Silber	13,31	14,2	+7 Prozent
Platin	1191	1452	+22 Prozent
Palladium	344	361	+5 Prozent

Quelle: Commerzbank, Corporate & Markets, 15.1.2008

2. als *verschärften Kampf um schlichten Zugang* zu den für die Produktion von Industriegütern notwendigen und unersetzlichen Rohstoffen. »Eine gesicherte Versorgung wird künftig immer fraglicher« (DIW 2007a). Ein Analysepapier der Friedrich-Ebert-Stiftung warnt daher, dass der neue »Wettlauf um Zugriffsmöglichkeiten auf Öl und Gas…leicht in einen ›neuen kalten Krieg‹ um Energie oder in ›heiße Ressourcenkriege‹ ausarten könnte«.[41]

China wie auch andere potente Schwellenländer versuchen daher, sich die Rohstoffversorgung langfristig zu sichern – über Verträge mit Rohstofflieferanten und durch Übernahmen von Rohstoffkonzernen[42]. »Beunruhigt registrieren die G7-Finanzminister, dass vor allem China, aber auch Indien, in afrikanischen Län-

---

41 Die FES zieht daraus folgenden Schluss: »Kein Verbraucherstaat kommt also auf absehbare Zeit ohne außenpolitische Energiesicherheitsstrategie aus. Eine solche Strategie kann … auch den Einsatz von Druckmitteln beinhalten.« Kompass 2020 ›Energiesicherheit‹. http://library.fes.de/pdf-files/iez/04802.pdf

42 Dieser Prozess hat sich beschleunigt: Im Stahlsektor übernahm die indische Tata Steel die britische Corus, Russlands Evraz kaufte Oregon Steel aus den USA, die chinesischen Stahlfirmen Baosteel und Bayi Iron schlossen sich zusammen, und der in London ansässige Stahlmagnat Lakshmi Mittal kaufte die europäische Arcelor. Die russischen Aluminiumkonzerne Rusal und Sual fusionierten mit der Schweizer Glencore zum weltgrößten Aluminiumkonzern. Brasiliens Vale versuchte Ende 2007, durch die Übernahme der Schweizer Xstrata zum größten Rohstoffkonzern der Welt aufsteigen. Chinas Chinalco hat mit dem US-Konzern Alcoa 9 Prozent an der britisch-australischen Rio Tinto übernommen. In den Zentren wird dies mit Unbehagen aufgenommen: »In den Industrieländern zeigte sich häufig eine starke Abwehrhaltung gegenüber chinesischen Investitionen in Rohstoffunternehmen« (Dyck 2008).

dern mit vollen Händen neue Kredite verteilen … Die Strategie der Chinesen ist dabei sehr durchsichtig. Sie wollen sich Absatzmärkte und Rohstofflieferanten sichern, um ihren enormen Bedarf zu decken« (Berliner Zeitung 8.2.2007). Über 650 chinesische Staatsunternehmen investieren in Afrika, vor allem in Erdöl, andere Rohstoffe und Telekommunikation[43].»Die Chinesen und andere agieren sehr schnell und sehr zielstrebig«, sagte Merkel vor dem BDI-Rohstoffkongress.»Wohin in der Welt wir auch hinkommen, waren oft schon andere Politiker da, die sich für ihre Staaten bestimmte Rohstoffreserven gesichert haben – und das auf ziemlich lange Zeit« (Blume/Kaufmann 2007b). Hinzu kommt, dass China häufig in Ländern aktiv wird, in denen die Konkurrenz durch westliche Unternehmen gering oder nicht vorhanden ist – wie in Angola, Sudan oder Iran. Über das chinesische Engagement wird die Wirkung wirtschaftlicher Sanktionsmechanismen gegen diese Länder relativiert.

Mit der erhöhten Nachfrage nach Rohstoffen sinkt also nicht nur die Abhängigkeit der Rohstofflieferanten von den Nachfragern aus den G7-Staaten. Gleichzeitig beklagen Politiker aus der EU und den USA eine zunehmende Abhängigkeit ihrer Länder von den Lieferanten, insbesondere von den Ölförderern. Im Jahr 2005 bezog die EU 35,5 ihrer Importe von Rohöl- und Mineralölprodukten aus Russland, für Deutschland lag dieser Wert bei 31,8 Prozent (DIW 2007). Durch den Ausbau seiner Liefertätigkeit ziele Russland mittels des Staatskonzerns Gazprom darauf,»die wirtschaftliche Macht von Gazprom in Europa zu stärken, weil das auch den politischen Einfluss vergrößert… Mit jedem Land, das bei den Russen unterzeichnet, wächst die Macht Moskaus im Westen. Europa sollte sich fürchten« (Berliner Zeitung 2.2.2008).

Im Zuge der verschärften Konkurrenz um Ressourcen wächst auch die Macht der Opec weiter, da sie über die größten Reserven verfügt.»Früher konnte die Opec das Angebot nicht kontrollieren, aber mehr Disziplin ihrer Mitglieder und das Unvermögen von Nichtmitgliedern, ihr Angebot zur Deckung der immer höheren Nachfrage auszuweiten, haben ihre Vormachtstellung wieder gefestigt.«[44] Diese Entwicklung wird sich fortsetzen. Denn während in anderen Ländern die Reserven versiegen, verfügt die Opec über immer größere Teile des Weltölpotenzials. Nach Angaben der Internationalen Energie-Agentur IEA steigt der Anteil der Opec an der globalen Ölförderung in den nächsten Jahren von 21 Prozent auf 26 Prozent.

---

43 Zu den chinesischen Engagements in Afrika und Lateinamerika: Trinh (2006), Broadman (2007).
44 Commerzbank. Rohstoffe kompakt, 5.2.2008

Die zehn ölreichsten Länder		Die größten Ölverbraucher	
Land	Reserven in Mio. Tonnen	Land	Verbrauch in Mio. Tonnen
Saudi-Arabien (OM)	35.478	USA	942
Kanada	24.126	China/Hongkong	347
Iran (OM)	18.630	Japan	241
Irak (OM)	15.430	Russland	136
Kuwait (OM)	13.717	Deutschland	123
VAE (OM)	12.851	Indien	119
Venezuela (OM)	11.190	Brasilien	104
Russland	8.163	Kanada	100
Libyen (OM)	5.465	Südkorea	100
Nigeria (OM)	4.915	Frankreich	94
Anteil an den Weltölreserven	**83,9 Prozent**		

Quelle: Öldorado 2007. OM = Opec-Mitglied

Offshoring/Geistiges Eigentum

Aufgrund der für Unternehmen günstigen Akkumulationsbedingungen, worunter speziell ein niedriges Lohnniveau, geringe Umweltauflagen und niedrige Steuersätze gehören, verlagern immer mehr westliche Unternehmen Produktion in die Schwellenländer. Dies wird in den Industrieländern unter den Begriffen ›Offshoring‹ oder ›Job-Export‹ beklagt[45]. Nicht nur die so genannte arbeitsintensive Produktion wird in den kommenden Jahrzehnten gen Asien ziehen. Umkämpft ist inzwischen vor allem das Feld der Innovationen. »In den OECD-Ländern wächst die Befürchtung, dass ›innovation offshoring‹ ihre Ökonomie – insbesondere Forschung und Entwicklung als wertvollste Quelle wirtschaftlichen Wachstums – langsam aushöhlt. Es geht nicht mehr um Adaption – innovation offshoring führt in Asien zur Schöpfung von gänzlich neuen Produkten und Prozessketten« (Buchsteiner 2006, 8). Es kommt zur »Verlagerung von Innovationspotenzialen« in die BRIC-Staaten, aber auch in Staaten wie Taiwan, Singapur oder Südkorea. Von höchster Stelle kritisiert wird in diesem Zusammenhang die Missachtung von Patenten und Copyrights. »Ob Motorsägen, Sportbekleidung oder sogar Autos – ge-

---

45 Es gehört hier zu Lande zur herrschenden Ideologie, China die Schuld an Arbeitsplatzverlusten in Deutschland zu geben, anstatt der kapitalistischen Kalkulation mit dem Lohn als zu mindernde Kost. Mit dem Verweis auf den »verschärften Konkurrenzdruck aus Asien« (Buchsteiner 2006), der in Europa eine »neue Wettbewerbsdynamik« mithilfe der Lissabon-Agenda erforderlich mache, wird einmal mehr in der deutschen Geschichte dem Ausland die Schuld an Sozialabbau und Lohnsenkung gegeben.

rade chinesische Firmen überschwemmen die Märkte mit Fälschungen. Die weltweiten Umsatzeinbußen werden auf bis zu 350 Mrd. Euro pro Jahr geschätzt; zwei Drittel aller Plagiate stammen aus dem Reich der Mitte.«[46] Um diese Milliardeneinbußen zu verhindern, wollen die Industriestaaten »den internationalen Schutz des geistigen Eigentums und dessen weltweite Durchsetzung verbessern«[47].

Global Governance

Verletzungen geistigen Eigentums und ähnliche Delikte werden mittlerweile vor der Welthandelsorganisation WTO verhandelt. In dieser Organisation ›ringen‹ die Mitgliedsstaaten nun schon seit Jahren um eine weitere ›Liberalisierung‹ des Welthandels. Doch es geht nicht so richtig voran, die laufende Doha-Runde ist in eine Sackgasse geraten. Eine zentrale Ursache der Krise der WTO ist, dass hier nicht länger die USA und die EU die Marschrichtung vorgeben, der die anderen WTO-Mitglieder mehr oder weniger willig folgen müssen. Im Streit um die Handelskonditionen für Agrargüter und Dienstleistungen verhandeln mittlerweile die ›G6‹ (USA, EU, Brasilien, Indien, Japan, Australien) oder die ›G4‹ (USA, EU, Indien, Brasilien). Insbesondere Brasilien, Indien und Südafrika wie auch die von Indien und Brasilien geführte Entwicklungs- und Schwellenländergruppe ›G20+‹ positionieren sich als politisches Gegengewicht zu den USA und der EU. Es »bestätigte sich ein Mal mehr, dass die großen Schwellen- und Entwicklungsländer zunehmend in der Lage sind, die Verhandlungen nach eigenen Interessen zu gestalten« (Mildner/Husar 2007, 3). Die gewachsene Handelsmacht der Schwellenländer spiegelt sich auch in der Tatsache, dass bereits 36 Prozent des Welthandels zwischen den Staaten des Südens abgewickelt werden (FAZ 18.12.2007). Allein der Handel zwischen den Golf-Staaten und China wächst jedes Jahr um über ein Drittel.

Nicht nur die WTO, auch der Internationale Währungsfonds (IWF) und das internationale Schuldenmanagement dienen nicht mehr in bewährter Weise den Industriestaaten als Instrument ihrer Macht. Innerhalb des IWF ist ein Streit um die Quotenverteilung ausgebrochen: Die größer gewordenen Schwellenländer verlangen mehr Stimmrechte. »Bislang scheiterten Reformen allerdings am fehlenden Willen seiner Mitgliedsstaaten, insbesondere der Europäer« (Mildner/Silva-Garbade 2007).

Zudem haben bis auf die Türkei sämtliche seiner ehemaligen Kreditnehmer dem IWF den Rücken gekehrt. Um sich gegen Krisen zu schützen und unabhängig vom IWF zu bleiben, häufen die Schwellenländer große Devisenreserven an. »Gleichzeitig wird die so genannte Chiang-Mai-Initiative ausgebaut. Dabei han-

---

46 »China – größter Copyshop der Welt«. Geldidee, Nr. 3/2007.
47 G8 2007. Bemerkenswert an dieser Stelle ist, dass die großen Industrienationen selber in ihrer Frühzeit internationale Patentregeln missachteten, um der heimischen Wirtschaft Innovationskosten zu sparen. Vgl. Ben-Atar, Doron: Trade Secrets. New Haven. 2004.

45

delt es sich um einen regionalen Reservemechanismus, der über Notfallkredite das Entstehen oder die Ausweitung einer Finanzkrise verhindern soll« (Mildner/Silva-Garbade 2007). Zudem wird ein asiatischer Währungspool gegründet, in den ein Teil der nationalen Reserven eingezahlt wird. Lateinamerika wiederum will sich über die neu gegründete Banco del Sur schützen, einer Art lateinamerikanischem Währungsfonds. Venezuela hat überdies hoch verschuldeten Nachbarstaaten ihre Schulden bei westlichen Geldgebern abgekauft und vergibt inzwischen dort mehr Kredite als der IWF. Steigende Einnahmen aus dem Ölexport ermöglichten es Russland im August 2006, seine Schulden an den Pariser Club (staatliche Gläubiger) zurückzuzahlen – 14 Jahre früher als eigentlich vorgesehen. Die – ökonomisch nicht zwingend notwendige – Rückzahlung ihrer Schulden begründete die russische Regierung explizit damit, dass sie auf diese Weise Abhängigkeiten von den Kreditgebern los sei und damit weltpolitisch freier agieren könne.

Neben Institutionen wie ›G20+‹ oder ›G90‹, Chiang-Mai-Initiative oder Banco del Sur sind weitere Zusammenschlüsse und Kooperationen im ›Süden‹ zu beobachten. So wird China zunehmend in Lateinamerika aktiv und kooperiert mit Brasilien und Venezuela (Hirn 2007). Unter der Führung von Brasilien wird die Gründung einer lateinamerikanische Freihandelszone ALBA diskutiert – ohne das Nafta-Mitglied Mexiko und ohne die Cafta-Mitglieder Zentralamerikas, also als Gegenentwurf zum Plan einer US-dominierten Gesamtamerikanischen FTAA, der als gescheitert gilt. Venezuela ist dem Zusammenschluss Mercosur (Brasilien, Argentinien, Paraguay, Uruguay) beigetreten. »Brasilien hat begonnen, seine Muskeln als regionale Supermacht zu zeigen, kommentiert Miguel Diaz vom Center for Strategic and International Studies in Washington« (Hirn 2007). In Asien haben sich Russland, China, Tadschikistan, Kasachstan, Usbekistan und Kirgisien zur Schanghaier Organisation für Zusammenarbeit (SOZ) zusammengeschlossen, ein primär militärisch motiviertes Bündnis.

Im Nahen Osten haben die Vereinigten Arabischen Emirate mit Bahrain, Kuwait, Katar, Oman und Saudi-Arabien den Golfkooperationsrat (GCC) gegründet, 2003 vereinbarten sie eine Zollunion, 2008 trat der gemeinsame Markt in Kraft, für 2010 ist eine Währungsunion geplant. Hier ist »eine neue Soft Power mit großem Einfluss auf die Finanzmärkte« entstanden, deren Nettoauslandsanlagen im laufenden Jahr über 2 Bill. Dollar steigen werden (Kudatgobilik 2008). Die kombinierte Wirtschaftskraft dieser Staaten hat sich seit 1990 von 180 Mrd. Dollar auf über 800 Mrd. Dollar vervielfacht. Bis 2020 werden diese Staaten über 6 Bill. Dollar durch den Export von Öl und Gas einnehmen. Mittels ihrer Öleinnahmen wollen die Finanzzentren am Persischen Golf zum größten Handelsplatz außerhalb der Industriestaaten aufsteigen. Damit treten sie nicht nur gegen die etablierten Finanzzentren in den Industriestaaten an, sie relativieren auch die Wirkung des mittlerweile wichtigsten ökonomischen Hebels, mit dem die USA Einfluss auf missliebige Regierungen nehmen: Aufgrund seines Umfangs und seiner

Tiefe läuft ein großer Teil aller globalen Finanztransaktionen über den US-Finanzmarkt. Dies machen sich die USA zunutze, um globale Geldflüsse zu kontrollieren und gegebenenfalls einzuschränken. »Neben der Mikroelektronik und Informationstechnologie ist der amerikanische Finanzsektor bislang derjenige Wirtschaftszweig, auf den sich in besonderem Maße die wirtschaftliche Macht der USA stützt« (van Scherpenberg 2007). Gerade gegenüber dem Nahen Osten und im ›Krieg gegen den Terrorismus‹ nutzen die USA diesen Hebel. Seine Wirkung würde durch ein alternatives Finanzzentrum im Nahen Osten eingeschränkt.

Überdies drängte Katar im vergangenen Jahr auf die Gründung einer ›Gas-Opec‹ mit Russland, Iran und anderen Staaten. Vorgeschlagen wurde dies auf dem »Forum Gas-exportierender Staaten«. Die vertretenen 14 Mitglieder verfügen über rund 70 Prozent der globalen Reserven. Mit Russland, Iran und Venezuela wären hier gleich mehrere Staaten vertreten, die von den USA und auch von der EU als gefährlich angesehen werden. Das US-Repräsentantenhaus hat die Gas-Opec-Pläne bereits als »feindseliges Vorgehen« bezeichnet, das die »Sicherheit der ganzen Welt bedrohe« (FAZ 5.2.2008).

Die zehn gasreichsten Länder		Die größten Gasverbraucher	
Land	Reserven in Mrd. Kubikmeter	Land	Verbrauch in Mrd. Kubikmeter
Russland	47.544	USA	619
Iran (OM)	27.564	Russland	495
Katar (OM)	25.768	Kanada	113
Saudi-Arabien (OM)	6.778	Deutschland	99
VAE (OM)	6.068	Ukraine	98
USA	5.484	Großbritannien	94
Nigeria (OM)	5.148	Japan	86
Algerien (OM)	4.577	Italien	84
Venezuela (OM)	4.312	Iran	82
Irak (OM)	3.170	Saudi-Arabien	68
Anteil an den Weltgasreserven 78,1 Prozent			

Quelle: Öldorado 2007

All dies unterminiert die Macht der G7, die »für die Umsetzung ihrer Beschlüsse maßgeblich auf andere multilaterale Organisationen angewiesen ist. Und die stecken zurzeit in einer tiefen Krise« (Mildner/Silva-Garbade 2007). Um ihre Position im ›Weltkrieg um Wohlstand‹ zu behaupten, schließen die USA und die EU einerseits vermehrt bilaterale Handelsabkommen[48]; andererseits sind im vergangenen Jahr verschiedene Zusammenschlüsse zwischen EU und den USA diskutiert worden – eine ›transatlantische Wirtschaftszone‹, ein ›transatlantisches Partnerschaftsabkommen‹ oder gar eine ›Wirtschafts-NATO‹ in Form einer Transatlantischen Freihandelszone TAFTA[49]. Bundeskanzlerin Angela Merkel bezeichnete diese Idee als »faszinierend«. Sollte die ausgesetzte WTO-Runde scheitern, werde sie den Vorschlag einer Freihandelszone zwischen Europa und Amerika vorantreiben. Der außenpolitische Beschluss des CDU-Bundesvorstands vom 23. Oktober 2006 notiert: »Um die Stärke der Freien Welt im 21. Jahrhundert zu garantieren, schlagen wir ein Transatlantisches Partnerschaftsabkommen vor, das alle wesentlichen politischen Felder umfasst.«[50] Gerichtet sei dies gegen die »aggressiv wachsenden Volkswirtschaften in Asien«.

Weltwirtschaftliche Ungleichgewichte
Die hohen Defizite, die die Industriestaaten im Außenhandel mit Schwellen- und Rohstoffländern einfahren, sorgen auf verschiedene Weisen für Unzufriedenheit in den westlichen Metropolen. So wuchs allein der Handelsbilanzüberschuss Chinas im vergangenen Jahr gegenüber 2006 um 48 Prozent auf den Rekordwert von 262 Mrd. Dollar. Der Saudi-Arabiens stieg auf knapp 160 Mrd. Dollar.

Handelsüberschuss in Mrd. Dollar

	China	Saudi-Arabien
2007	262	159
2006	177	147
2005	102	125
2004	32	82
2003	25	62
2002	30	41
2001	22	40

Quelle: Bloomberg

Während die Opec vergeblich aufgefordert wird, ihre Ölförderung zu steigern, um den Ölpreis und damit die Handelsbilanzüberschüsse der Opec-Staaten zu senken, beschuldigen die Industrieländer China, im Kampf um Weltmarktanteile den Wert seiner Währung künstlich niedrig zu halten und darüber seinen Überschuss im

48 Derartige Abkommen sind für die EU expliziter Teil der Strategie zur externen Wettbewerbsfähigkeit ›Global Europe‹. Vgl. Fuchs 2007, 18.
49 Siehe dazu Fritz 2006. Ein Plädoyer für eine TAFTA findet sich auch in Steingart 2007.
50 Zitiert nach Fritz 2006, 4.

Handel mit den Industriestaaten zu steigern. Dieser Überschuss summierte sich 2007 im Handel mit den USA auf 256 Mrd. Dollar, im Handel mit Deutschland auf etwa 31 Mrd. Dollar.[51]

China seinerseits wehrt sich gegen die Vorwürfe[52] und lässt seine Währung gleichzeitig langsam aufwerten, was an den Handelsüberschüssen jedoch nichts ändert. Für die Industrieländer ist eine Abschottung der eigenen Märkte jedoch keine Option, da Konzerne wie auch Politiker aus den Industriestaaten bestrebt sind, von dem Boom in Asien, Lateinamerika und im Nahen Osten zu profitieren. Und zwar erstens durch den Export nach China: So ist zum Beispiel der Export deutscher Unternehmen in die USA seit 2002 von 12 Prozent auf 8 Prozent der deutschen Gesamtexporte gesunken, dagegen stieg der Anteil der BRIC-Staaten von 5 Prozent auf 8 Prozent (China: 3,5 Prozent/ Russland: 3,5 Prozent/ Indien und Brasilien: 1 Prozent); und zweitens über Direktinvestitionen ihrer Unternehmen in China, die von dort aus in die G7-Staaten exportieren. »Zwar beklagt die US-Regierung, dass die Vereinigten Staaten im Handel mit China 2006 ein Minus von 233 Mrd. Dollar machten. 85 Prozent dieses Handelsdefizits resultieren jedoch aus Lieferungen nicht-chinesischer Firmen, darunter auch vieler US-Firmen wie dem Einzelhandelsriesen Wal Mart, der in China produzieren lässt und in den USA verkauft« (Blume/Kaufmann 2007c).

Dollar-Regime

Folge der beträchtlichen Überschüsse im Handel mit den Industriestaaten ist das Anwachsen der Schwellenländer-Devisenreserven, die vor allem in US-Staatsanleihen investiert werden (Vgl. Kap. 3.1). Asien verfügt heute über zwei Drittel aller Währungsreserven, vor einem Jahrzehnt war es lediglich ein Drittel. Der unter dem Titel ›weltwirtschaftliche Ungleichgewichte‹ diagnostizierte Ware-Geld-Fluss stellt sich mithin so dar: Die USA machen jedes Jahr ein Milliarden-Defizit im Außenhandel – 2007 lag es bei 712 Mrd. Dollar. Dieses Defizit wird von den Schwellenländern kreditiert, indem sie Dollar-Schuldscheine erwerben[53]. Die Schwellenländer haben ihrerseits ein großes Interesse am Aufkauf von Dollar gegen ihre Landeswährung. Denn sie haben ihre Währung an den Dollar gebunden und versuchen, über Dollar-Käufe den Kurs des Dollar hoch und den ihrer eigenen Währung niedrig zu halten, um darüber ihren Export weiter anzukurbeln. Dieses System regulierter Wechselkurse ist zuweilen als ›Bretton Woods II‹ tituliert worden (Dooley et al. 2006).

Einerseits profitieren die USA von diesem Arrangement. Denn die große Nachfrage nach US-Schuldpapieren hält den Dollar-Kurs hoch und drückt in den Verei-

---

51 Der chinesische Außenhandelserfolg relativiert sich jedoch stark angesichts des deutschen: So liegt der kumulierte Überschuss Chinas seit 2001 bei 650 Mrd. Dollar, der Deutschlands liegt etwa doppelt so hoch.

52 Dies ist keine chinesische Spezialität. Pascal Kerneis, Managing Director des European Services Forum, merkt dazu an: »Sie agieren wie die USA. Sie tun, was sie tun wollen« (Bloomberg News, 15.2.2008).

53 Dies gilt nicht nur für die asiatischen Länder oder die Ölförderer. Brasilien hielt zum 31.8.2007 rund 107 Mrd. Dollar in US-Treasuries und war damit der viertgrößte Eigentümer von US-Staatsanleihen weltweit.

nigten Staaten die Zinsen. Die HypoVereinsbank schätzt, dass die relativ niedrigen Zinsen für US-Unternehmen vor allem Ergebnis eines deutlichen »Nachfrage-Überhangs« nach diesen Papieren sei. Allein der Zufluss der Petrodollars habe die Zinsen von US-Staatsanleihen um 0,3 Prozentpunkte gedrückt. Das mindert die Kapitalkosten in den Industriestaaten (Bandholz 2007).

Andererseits schürt das Anwachsen der Devisenreserven in den Schwellenländern Bedenken in den westlichen Metropolen. »China alleine wäre theoretisch in der Lage, den Dollar empfindlich zu treffen und so weltweite Währungsturbulenzen auszulösen« (Buchsteiner 2006, 10). Sollte die chinesische Devisenreserven-Politik dazu führen, dass »Anleger das Vertrauen in den US-Dollar verlieren und ihr Kapital aus den USA abziehen, ist ein Crash des Dollar nicht auszuschließen« (Hefeker 2007). Die Stabilität der Weltfinanzmärkte und der Weltleitwährung hängen also zunehmend von den Schwellenländern ab (wobei letztere angesichts der angehäuften Devisenreserven durchaus ein Interesse an einem stabilen Dollarkurs haben).

Zudem leiden die USA darunter, dass ausgerechnet die Öllieferanten des Nahen Ostens mit ihrem oftmals problematischen politischen Verhältnis zu den USA zu großen Gläubigern der Vereinigten Staaten aufgestiegen sind. Sie sind »zu einer wichtigen Finanzierungsquelle des riesigen US-Leistungsbilanzdefizits geworden« (Bandholz 2007, 4). Im Jahr 2007 waren sie sogar die einzige Ländergruppe, die netto US-Staatsanleihen zukaufte, sie erhöhten ihre Bestände an US-Treasuries um 20 Prozent auf 128 Mrd. Dollar. »Der Markt für US-Staatsanleihen (hängt) mehr und mehr von Petrodollars ab.«[54] Würden sich die Ölexporteure vom Dollar abwenden, würde dies den Wert des Dollar wie auch der Staatsanleihen massiv belasten. Ergebnis wären steigende Zinsen in den USA und ein eventuell einbrechender Dollar-Kurs mit entsprechenden Folgen für die US-Gesamtwirtschaft und die globale Nachfrage.

In den Opec-Staaten wird zuweilen versucht, aus diesem Fakt politisches Kapital zu schlagen: Im Nahen Osten herrscht »vielerorts die Ansicht vor, dass das Halten von Dollar-Reserven dazu beigetragen hat, die umstrittene Politik der USA im Nahen Osten zu finanzieren, so das Gulf Research Center in Dubai. Und man reagiert: So erwägt Kuwait, die Bindung des Dinar an den Dollar aufzugeben... Gleichzeitig planen die sechs Mitglieder des Golf-Kooperationsrates bis 2010 eine Währungsunion zu gründen. Der ›Golf-Dinar‹ würde in der Region zu einer Alternative zum Dollar, schließlich stünde hinter ihm die Hälfte aller bekannten Ölreserven. Der Dollar könnte aus der Region gedrängt werden, die globale Nachfrage nach ihm würde sinken« (Berliner Zeitung 23.7.2007).

---

54 HypoVereinsbank. Chart of the Week. 21. November 2007.

Investitionsbedingungen

Die BRIC-Staaten wie auch andere Schwellenländer haben sich nun entschlossen, ihre Devisenreserven nicht mehr nur in US-Staatsanleihen zu investieren, sondern ihre Anlagen zu diversifizieren, zum Beispiel in Aktien. Die Einrichtung von Staatsfonds ist dabei nur ein Teil der Strategie. Um den Schritt von Kapitalimporteur und Warenexporteur zum Kapitalexporteur zu tun, hat die chinesische Zentralbank zum Beispiel im ersten Quartal 2007 einen Fünf-Punkte-Plan entworfen: Aus den Devisenreserven wird eine staatliche Investmentgesellschaft gegründet; chinesische Unternehmen sollen bessere Möglichkeiten für Investitionen an den Weltfinanzmärkten erhalten; zur Sicherung ihrer komparativen Vorteile und ihres Zugangs zu Ressourcen sollen chinesische Firmen selber Direktinvestitionen im Ausland vornehmen; und schließlich soll das chinesische Bankensystem darauf vorbereitet werden, international zu agieren. »Auf dieser breiten Grundlage können dann chinesische Kapitalexporte systematisch in Angriff genommen werden« (Gerhard 2008).

Indien plant zwar keinen eigenen Staatsfonds. Doch hat es 2007 die Rekordsumme von 39 Mrd. Dollar für den Kauf ausländischer Unternehmen ausgegeben. Im laufenden Jahr dürften indische Unternehmen »eine Rekordsumme für die Übernahme ausländischer Ziele ausgeben... Indische Unternehmen werden sich auf die Jagd begeben, sagt Tarun Jotwani, Vorsitzender von Lehman Brothers India« (Bloomberg News, 4.12.2007). Im März 2008 erwarb die indische Tata Motors zum Beispiel für 2,3 Mrd. Dollar die Automarken Jaguar und Land Rover.

Insgesamt, so hat das Beratungsunternehmen A. T. Kearney errechnet, werden immer mehr Unternehmen in westlichen Industrienationen von Käufern aus Schwellenländern wie Indien, China und Russland übernommen. Die Anzahl von Übernahmen, bei denen Unternehmen aus Schwellenländern Wettbewerber in westlichen Industrienationen aufkaufen, sei in den vergangenen fünf Jahren jährlich mit durchschnittlich 26 Prozent am stärksten gewachsen (dpa, 7.4.2008). Angesichts dieser Entwicklung regt sich Kritik in den Industriestaaten. Während Investoren aus den Schwellenländern sich ungehindert an Firmen aus dem Westen beteiligen könnten, würden Investoren aus den Industrieländern hohe Hürden in den Weg gelegt. In China kosteten Handelshemmnisse europäische Firmen jeden Tag 55 Mio. Euro, so die EU-Kommission. »Europa wird sich nicht gegenüber China abschotten«, so EU-Kommissar Peter Mandelson, »wir wollen aber die gleichen Chancen, die chinesische Firmen in Europa haben« (Kamp 2008).

Staatsfonds ante portas – die Industrieländer zwischen Abwehr und Einladung

Der Ausgangspunkt

In dieses Umfeld einer intensivierten Konkurrenz um den Reichtum der Welt fügt sich der Bereich der Beteiligungen von Schwellenländern an Unternehmen aus den G7 ein. Eine Reihe wichtiger Investitionsentscheidungen gab den Startschuss zu der Staatsfonds-Debatte in den Industriestaaten. Denn diese »Einkaufstour im Westen führt zu einer massiven Veränderung der geopolitischen Machtkonstellation in der Welt« (Handelsblatt 21.12.2007):

- 2004: Übernahme des PC-Geschäfts von *IBM* durch Lenovo (China), Volumen 1,75 Mrd. Dollar.
- Juli 2005: Übernahmeangebot der China National Offshore Oil Corporation (CNOOC) – zu 70 Prozent im Besitz der chinesischen Regierung – für die *Unocal Oil Company* (USA), Volumen 18,5 Mrd. Dollar. Von den USA abgelehnt.
- 2006 übernimmt die staatliche russische Vneshtorgbank unabgesprochen fast 5 Prozent des europäischen Luftfahrt- und Rüstungskonzerns *EADS*. 2008 soll dieses Paket an die UAC weitergereicht werden. In der UAC bündelt die russische Regierung alle lokalen Flugzeugproduzenten.
  Ende 2006 will sich der russische Mischkonzern AFK Sistema an der *Deutschen Telekom* beteiligen. Der Deal scheitert, da sich die Bundesregierung weigert, Anteile zu verkaufen. Auch die Versuche der russischen Gazprom, in Deutschland Stadtwerke zu erwerben, scheitern an politischem Widerstand. In Großbritannien wird das Ansinnen von Gazprom zurückgewiesen, sich an dem größten Strom- und Gasversorger Centrica zu beteiligen (die Übernahme von London Electricity durch den französischen Staatskonzern EDF erregte dagegen kaum Aufsehen).
- 2006: Dubai Ports, ein Unternehmen der Regierung des VAE-Mitglieds Dubai, übernimmt für 7 Mrd. Dollar den britischen Hafenbetreiber *Peninsular and Oriental Steam Navigation Company* (P&O). Teil von P&O ist allerdings die amerikanische DP World, die unter anderem wichtige US-Hafenanlagen in New York, New Jersey, Philadelphia, Baltimore, New Orleans und Miami betreibt. US-Politiker verweisen darauf, dass unter den Attentätern des 11. September 2001 zwei VAE-Staatsbürger waren und fürchten um die Sicherheit US-amerikanischer Häfen. Dubai muss auf Grund des politischen Widerstandes DP World schließlich an ein amerikanisches Unternehmen weiter verkaufen (mehr dazu s.S. 60f.).
- Mai 2007: DIFC (Dubai) erwirbt 2,2 Prozent an der *Deutschen Bank* und einen »bedeutsamen Anteil« an der britischen Bank HSBC.

- Mai 2007: Übernahme einer Beteiligung von 9,9 Prozent in Form stimmrechtsloser Aktien an der Beteiligungsgesellschaft *Blackstone Group* durch die China Investment Company. Volumen: 3 Mrd. Dollar. Blackstone ist mit einem Anteil von 4,5 Prozent nach der Bundesregierung auch größter Anteilseigner der Deutschen Telekom.
- Juni 2007: Aufstockung der bestehenden Beteiligung von 7,6 Prozent auf insgesamt 25 Prozent der Delta Two – eines Investitionsvehikels der königlichen Familie des Königreichs Katar – an dem britischen Einzelhändler *J Sainsbury*. Volumen: 1,5 Mrd. Dollar. Eine Ausweitung des Engagements scheitert Anfang November 2007.
- Juli 2007: China Development Bank und Temasek Holdings übernehmen einen Anteil von 3,1 Prozent bzw. 2,1 Prozent an der britischen Bank *Barclays* und bieten im Fall eines erfolgreichen Zusammenschlusses mit ABN Amro eine Erhöhung ihrer Beteiligung auf insgesamt 19 Mrd. Dollar an. Volumen: 3 Mrd. Dollar bzw. 2 Mrd. Dollar.
- Im August 2007 übernimmt die staatliche Dubai World 9,5 Prozent am US-Casinokonzern *MGM Mirage* für 5 Mrd. Dollar.
- September 2007: Die Börse Dubai übernimmt Anteile an der US-Börse Nasdaq und an der skandinavischen Börse *OMX* wie auch an der *London Stock Exchange* (LSE). Das US-Komitee für Auslandsinvestitionen prüft, ob diese Geschäfte die Nationale Sicherheit der Vereinigten Staaten gefährden. Anfang 2008 hält Dubai an Nasdaq/OMX 19,9 Prozent, an der LSE 22 Prozent. Dubai erwägt den Verkauf der LSE-Anteile an das Scheichtum Katar, das bereits rund 15 Prozent an der LSE erworben hat.
  Die staatliche Mubadala Development (Abu Dhabi) erwirbt 7,5 Prozent an der US-Beteiligungsgesellschaft *Carlyle* für 1,35 Mrd. Dollar.
- Im Oktober erwirbt die chinesische Bank ICBC für 5,5 Mrd. Dollar 20 Prozent an der größten afrikanischen Bank, der *Standard Bank Group* in Johannesburg. ICBC wird zu 70 Prozent durch den Staatsfonds CIC und die chinesische Regierung kontrolliert.
- November 2007: Der zweitgrößte Lebensversicherer Chinas, Ping An, kauft für 2,7 Mrd. Dollar 4,2 Prozent am belgischen Finanzkonzern *Fortis*. Ping An kündigt an, für 20 Mrd. Dollar Akquisitionen im Ausland zu tätigen. »Das Volumen dieser Kriegskasse stellt Ping An auf eine Ebene mit Staatsfonds« (Handelsblatt 22.1.2208).
  DIC (Dubai) erwirbt ein Aktienpaket von *Sony* (Japan).
- ADIA kauft im Dezember 2007 8,1 Prozent des US-Chipkonzerns *AMD* für 622 Mio. Dollar.
- Winter 2007: Im Zuge der US-Hypothekenkrise geraten viele große Banken in Probleme, es wird von einem Abschreibungsbedarf in Höhe von 400 Mrd. Dollar gesprochen. Infolge der Milliardenverluste suchen Banken Geldgeber. Und die finden sie in den Staatsfonds:

Bank	Investor	zugeschossenes Kapital (Mrd. $)	erworbener Anteil
Citigroup (US)	GIC (Singapur)	6,8	3,7 Prozent
	ADIA (Abu Dhabi)	7,5	4,9 Prozent
	KIA (Kuwait), u. a.	7,7	4,1 Prozent*
Merrill Lynch (US)	KIC (Südkorea), KIA (Kuwait)	6,6	10-11 Prozent*
	Temasek (Singapur)	4,4	9,4 Prozent
UBS (CH)	GIC (Singapur)	9,7	10 Prozent
	Anonymer Investor aus Saudi-Arabien	1,8	2 Prozent
Morgan Stanley (US)	CIC (China)	5	9,9 Prozent
Bear Stearns (US)	Citic (China)	1	6 Prozent

*geschätzt

Zu Beginn des Jahres 2008 kündigt Katar an, es werde etwa fünf Prozent an der Schweizer Bank Crédit Suisse kaufen und bei der Royal Bank of Scotland einsteigen. Temasek aus Singapur teilt im Januar mit, dass es sein Investment in Standard Chartered auf 9,2 Mrd. Dollar aufgestockt hat und damit 19 Prozent der britischen Bank hält. Insgesamt sind damit SWF-Investments in große Banken in Höhe von fast 100 Mrd. Dollar bekannt gegeben worden, 62 Prozent davon im zweiten Halbjahr 2007. Für ihr Geld erhalten die SWF Renditen, »von denen vor 20 Jahren noch niemand geträumt hätte« (Bloomberg News 22.8.2008). Die Börsen-Zeitung kommentiert diese Beteiligungen so: »Nichts hätte die verschobenen weltwirtschaftlichen Gewichte eindrucksvoller belichten können als die Engagements der Staatsfonds aus China, Singapur oder den Golfstaaten bei den durch die amerikanischen Hypothekenkrise angeschlagenen Banken…Zum ersten Mal kamen nicht die reichen Industrieländer den Gestrauchelten zu Hilfe, sondern Kapital aus den Emerging Markets floss in die USA und stabilisierte die in Schieflage geratenen Finanzinstitute« (Börsen-Zeitung 28.12.2007).

»This new globalisation game« (Deutsche Bank) hat das Interesse in den USA und in Europa auf sich gelenkt. Obwohl Staatsfonds an vielen dieser Transaktionen überhaupt nicht beteiligt waren, wurden sie in der öffentlichen Debatte als Beispiele angeführt, um das Ausmaß ausländischer Beteiligungen zu unterstreichen und die enormen Mittel, die für großvolumige Transaktionen zur Verfügung stehen. Darüber hinaus werden sie als Anschauungsmaterial für die möglichen strategischen Auswirkungen herangezogen, die derartige Akquisitionen auf die Wirtschafts-, Sicherheits- und Industriepolitik haben können.

Mögliche Folgen von Staatsfonds

Speziell in Deutschland hat diese Entwicklung zu einer Debatte um die Folgen von Staatsfonds geführt sowie um die praktischen Schlüsse, die daraus zu ziehen sind.

Folge 1: Neue Kapitalströme und Geschäftsmöglichkeiten
Im Zentrum jener Positionen, die gegen eine schärfere Regulierung von Staatsfonds argumentierten, stand der Fakt, dass Staatsfonds das Angebot an Kapital erhöhen. »Das Vorgehen (von Hedge-Fonds oder Staatsfonds, S.K.) bietet erhebliche Chancen, da sie für Liquidität an den Finanzmärkten sorgen« (BDI 2007a, 3). Selbstverständlich war es für alle Beobachter, dass dieses Kapital in die kapitalistischen Zentren fließen wird. »Da die meisten Staatsfonds in ihren Investitionsentscheidungen weitgehend unabhängig sind und von ihnen eine Gewinnmaximierung – nicht zuletzt durch eine breite Streuung ihres Kapitals und internationale Investitionen – erwartet wird, dürften aus den Staatsfonds der Schwellenländer umfangreiche Mittel in Vermögenswerte der Industriestaaten fließen« (Kern 2007, 10). Dies führt dort zu einer höheren Nachfrage nach Aktien, Unternehmens- und Staatsanleihen ebenso wie nach Immobilien oder Private Equity. Die Deutsche Bank rechnet damit, dass durch die künftige Vermögensallokation der Staatsfonds in den nächsten fünf Jahren brutto über 1 Bill. Dollar in die globalen Aktienmärkte und 1,5 Bill. Dollar in die globalen Anleihemärkte fließen könnten, wenn Staatsfonds wie angenommen wachsen und ihr Vermögen nach einem Pensionsfonds-orientierten Portfolio zu 40 Prozent in Aktien und zu 60 Prozent in festverzinsliche Wertpapiere investieren. In zehn Jahren könnten sich die gesamten zusätzlichen Mittel auf über 3 Bill. Dollar für Aktien und 4,5 Bill. Dollar für die Anleihemärkte belaufen[55]. Fazit: »Für die Privatwirtschaft sind SWF eine wichtige Quelle, sich mit Kapital zu versorgen« (BDI 2007b, 2).

Zudem könnten SWF an den Finanzmärkten eine stabilisierende Rolle spielen, da sie – im Gegensatz zu Akteuren wie Hedge-Fonds oder Private-Equity-Gesellschaften – einen langen Anlagehorizont haben. Ein »zusätzlicher Faktor ist, dass die SWF auf einem hohen Kapitalberg sitzen und sich daher möglicherweise zur Finanzierung der Investitionen weniger verschulden als Private-Equity-Funds« (Davies 2007, 19). Und schließlich wartet auf die Banken, Wertpapierhäuser und Vermögensverwalter der westlichen Welt ein gigantisches Geschäft: Sie könnten jährlich bis zu acht Mrd. Dollar zusätzlich verdienen, wenn sie Teile des SWF-Managements verwalten (Mukherjee 2007).

Folge des Kapitalzustroms ist natürlich eine Verschärfung des Kampfes um rentable Anlageobjekte – und dies in einer Zeit, in der ohnehin schon zeitweise ein Überangebot an Anlagekapital besteht und mithin ein ›Anlagenotstand‹ dia-

---

55 Die Berechnung schließt andere Finanzanlagen als Aktien und Renten aus, insbesondere Immobilien, und berücksichtigt weder Substitutionseffekte noch mögliche Kapitalabflüsse.

gnostiziert wird. »Schwellenländer als Gruppe wurden in den letzten fünf Jahren … zu einer wichtigen Investorenklasse an gesättigten Märkten« (Davies 2007, 7). In dieser Konkurrenz um profitable Investments können Staatsfonds auf einen Extra-Vorteil zurückgreifen, der sie unabhängiger macht: Da sie aus Budgeteinnahmen oder offiziellen Währungsreserven gespeist werden, sind sie vom Staat finanzierte Investitionsvehikel. Ihr Kapital muss daher nicht zu Marktkonditionen refinanziert werden bzw. stammt nicht aus eigenen Marktaktivitäten. Laut Financial Times ist der EU-Kommissar für den Binnenmarkt, Charlie McCreevy, daher der Ansicht, dass die SWF höhere Preise bezahlen können, um strategische Unternehmen zu übernehmen (Financial Times 20.7.2007).

Folge 2: Substitutionseffekte auf Anlagekategorien –
Angriff auf ›Bretton-Woods II‹?
Durch SWF fließen aber nicht nur den Finanzmärkten netto Milliardensummen zu. Sie führen auch zu Verschiebungen zwischen den einzelnen Asset-Klassen. »Allein ihre Größe macht Staatsfonds zu einer wichtigen Kraft auf den internationalen Finanzmärkten, die sich auf das Preisverhältnis verschiedener Anlageformen und die allgemeine Systemstabilität auswirken kann« (Gnath 2007, 1). Lange übliche Investitionen in Kapitalmarktinstrumente – insbesondere die Investition von Zentralbankreserven in Geldmarktinstrumente oder kurzfristige Staatsanleihen – werden durch Investitionen in Anlagen mit einer höheren Renditeerwartung ersetzt. Staatsanleihen verlieren, Aktien oder Unternehmensanleihen gewinnen.

Folge ist zunächst, dass große Summen aus Bereichen mit niedrigerem Risiko in Bereiche mit höherem Risiko fließen. »If SWFs have more money than God – or at least as hedge funds – …then it amounts to a potential tsunami of cash seeking long-term, growth-oriented application«, so Jim Griffin, Economic Advisor bei der niederländischen Bank ING. Dies kann zu beträchtlichen Ausschlägen an den Aktienmärkten führen. Die Kurse von Staatsanleihen hingegen könnten auf Grund der zurückgehenden Nachfrage der Schwellenländer nach Schuldpapieren der Industriestaaten fallen. »Die Auswirkungen dieser Substitutionseffekte könnten beträchtlich sein, wenn man bedenkt, dass z. B. China zur Zeit US-Treasury-Anleihen im Wert von 420 Mrd. Dollar hält – dies entspricht einem Anteil von 19 Prozent am Bestand aller US Treasury-Anleihen in ausländischem Besitz – und dass China über die Hälfte aller neuen Treasury-Emissionen aufnimmt« (Kern 2007).

Die Umschichtung von Währungsreserven hin zu SWF könnte also bedeutsame Folgen für das so genannte Bretton-Woods-II-System haben, bzw. auf die Art und Weise, wie die USA ihre Defizite in Handels-, Leistungsbilanz und Staatsbudget finanzieren (s. S. 49). Denn wenn die Schwellenländer weniger Bereitschaft zeigen, US-Treasuries zu kaufen, weil sie die Aktienanlage gegenüber Staatsfonds präferieren, so kann dies spürbare Auswirkungen auf Marktnachfrage und Renditen haben. Für die USA, aber u. U. auch für andere Industriestaaten sorgt dies für tendenziell steigende Zinsen, also für eine Verteuerung der Kredit-aufnahme. »Der Wandel, der sich jetzt vollzieht, besteht darin, dass es nicht mehr die etablierten Industriestaaten wie die USA oder Deutschland sind, die sich dar-auf verlassen können, dass ihre staatlichen Schuldinstrumente von ausländischen Investoren wie den asiatischen Zentralbanken gekauft werden« (Kern 2007, 18).

Folge 3: Gefahr für die Finanzmarktstabilität?
Zudem wird befürchtet, dass die Zunahme von Staatsfonds-Aktivitäten die oh-nehin dauerhaft gefährdete Stabilität der globalen Finanzmärkte zusätzlich beein-trächtigen könnte. Schließlich ist die Staatsfonds-Industrie bereits heute mehr als doppelt so groß wie die Hedge-Fonds-Branche und stellt daher einen systemisch relevanten Teil des globalen Finanzsystems dar. »Es ist nicht auszuschließen, dass die Einzeltransaktion eines Staatsfonds bei anderen Marktteilnehmern den Her-dentrieb auslöst – und damit bei dem betreffenden Wertpapier und im Fall von Ansteckungseffekten auch bei korrelierten Anlagewerten übermäßige Kapitalbe-wegungen und Preis- und Kursänderungen verursachen könnte« (Kern 2007, 12). Im Extremfall könne ein solches Herdenverhalten zu einer regionalen, sektoralen oder sogar globalen Destabilisierung der Finanzbranche führen.

Verstärkt wird diese Gefahr durch die Intransparenz der Staatsfonds und ihrer Anlagepolitik. Denn sie sind direkt oder indirekt staatliche Institutionen und un-terliegen damit in der Regel nicht den regulatorischen Vorschriften, die andere Kapitalpools wie Investment- oder Pensionsfonds befolgen müssen. Über ihre Anlagen und Ziele ist wenig bekannt, nur sporadisch dringen Informationen an die Öffentlichkeit. All diese Aspekte zusammen machen Staatsfonds zu relativ rätselhaften Marktteilnehmern, die an den Finanzmärkten große Unsicherheit aus-lösen können. »Wenn die Investitionsbehörde von Abu Dhabi … beschlösse, eine große Position zu liquidieren und niemand wüsste weshalb, könnte dies Panik auslösen« (Economist 26.7.2007). Daher äußern politische Entscheidungsträger und Marktteilnehmer zunehmend Besorgnis über möglicherweise destabilisie-rende Auswirkungen der Aktivitäten großer Staatsfonds auf die globalen Finanz-märkte. »Diese Fonds werden in der Lage sein, jedes weltweit tätige Unterneh-men zu übernehmen, Panik an den Märkten auszulösen, wenn sie zu überstürzt vorgehen, und selbst den politischen Einfluss der internationalen Finanzinstitutio-nen zu überbieten« (Garten 2007).

Folge 4: Politische statt ökonomische Renditen?
Im Zentrum der politischen Debatte in Deutschland stand jedoch eher die Be-fürchtung, ein SWF könnte von der hinter ihm stehenden Souveränität für politi-sche Zwecke benützt werden, insbesondere durch Russland zur Unterstützung sei-nes »Ressourcennationalismus« (Davies 2007, 13). Im Gegensatz zu der Debatte um Hedge-Fonds und Private-Equity-Gesellschaften der Vorjahre (›Heuschre-cken‹-Debatte) wurde im Falle von Staatsfonds davor gewarnt, die Maximierung

der Rendite könnte vielleicht *nicht* das Ziel des Fonds sein. Stattdessen könnten sich staatliche Investitionen aus Drittländern, die keine finanziellen Ziele haben, auf die nationale Sicherheit auswirken, insbesondere auf die Kontrolle und Kenntnisse über die Rüstungsindustrie, öffentliche und private Infrastruktur, Hochtechnologie und Finanzmärkte, aber auch mit Blick auf den Zugang zu natürlichen Ressourcen weltweit. So warnte der Bundesvorstand der CDU: »Werden nun z. B. staatlich gelenkte Unternehmen oder Staaten selbst zu Investoren, kann nicht ausgeschlossen werden, dass auch andere Motive als eine rein renditeorientierte Beteiligung eine Rolle spielen. Dies kann beispielsweise ein Technologietransfer sein, oder aber strategisch-politische Motive können eine Rolle spielen« (CDU 2007, 7).

Insbesondere zwei Szenarien wurden immer wieder zitiert, um die Gefahr einer politisch motivierten Unternehmensbeteiligung zu illustrieren: Die Übernahme eines Energiekonzerns durch Russland oder die Übernahme eines Unternehmens durch China zum Zwecke des Know-how-Transfers. »Die Chinesen haben gemerkt, dass über Joint Ventures nicht genügend Technologie ins Land kommt. Deshalb streben sie nun Kapitalbeteiligungen an ausländischen Unternehmen an, so der Chef des China-Ausschusses der deutschen Wirtschaft, Jürgen Heraeus, in der FTD (27.6.2007). Besonders kämpferisch gab sich in der Debatte Hessens Ministerpräsident Roland Koch: »Der russische Gazprom-Konzern steht unter Führung der russischen Regierung. Wenn dieses Unternehmen investiert, investiert der Kreml. Die milliardenschweren Währungsreserven, die von chinesischen Staatsfonds angelegt würden, sind nicht dem Fleiß und der Arbeit der Chinesen geschuldet, sondern ein Ergebnis der chinesischen Politik ungerechter Währungsverhältnisse. Zu behaupten, das sei ganz normales Kapital, ist aus meiner Sicht naiv… Noch ist Europa in der Lage, die Maßstäbe des internationalen Kapitalverkehrs mitzubestimmen. In 20 Jahren werden wir nicht mehr dazu in der Lage sein« (zitiert nach Wirtschaftswoche 5.12.2007).

Einig war sich die CDU bei der Warnung vor politischem ›Missbrauch‹ von Unternehmensbeteiligungen mit dem Deutschen Gewerkschaftsbund (DGB): In der Debatte um die Privatisierung der Deutschen Bahn AG sei es laut DGB »fahrlässig, die z. B. von so genannten Staatsfonds aus Russland oder China anvisierte ›politische Rendite‹ außer Acht zu lassen – gerade bei einem Unternehmen, dass als ›logistischer Global Player‹ von zentraler Bedeutung für die Verknüpfungsstruktur der deutschen und europäischen Wirtschaft ist. Wer letztlich Anteile an der DB AG besitzt, ist nicht zu kontrollieren« (DGB 2007)[56]. Zwar teile der DGB das »Ziel der Regierung, Schlüsselbranchen stärker davor zu schützen, dass sich

---

56 DGB: Stellungnahme des Deutschen Gewerkschaftsbundes zum Gesetzentwurf zur Teilprivatisierung der Deutsche Bahn AG. Berlin. 13.7.2007. Der DGB erweist sich hier einmal mehr als sehr deutscher Gewerkschaftsbund: Während er vor dem Einfluss staatlicher Unternehmen auf die DB AG warnt und DGB-Vize Claus Matecki eine »Wiederbelebung einer aktiven Industriepolitik« fordert, finden die Gewerkschaften nichts dabei, wenn sich ein Staatsunternehmen wie die DB AG seinerseits an den Bahnen des Auslands beteiligt.

ausländische Staatsfonds dort einkaufen und womöglich gegen deutsche Standortinteressen die Kontrolle übernehmen« (DGB-Vorstand Claus Matecki im Handelsblatt 17.7.2007). Insgesamt jedoch ist für die Gewerkschaften die Regulierung von Staatsfonds nur ein Teil einer verstärkten Kontrolle von Finanzinvestitionen. Im Fokus der gewerkschaftlichen Aufmerksamkeit stehen eher Hedge-Fonds und Private-Equity-Gesellschaften und deren »kurzfristige und überzogene Renditeziele« (Matecki im Handelsblatt 17.7.2007). Im Vergleich mit diesen Anlegern scheinen Staatsfonds einigen Arbeitnehmervertretern als das kleinere Übel. In Anbetracht der Kurzfriststrategien von Hedge-Fonds könnten Gewerkschafter Staatsfonds, »die auf längere Sicht operieren, wohlwollender betrachten« (Davies 2007, 18).

Bislang ist zwar noch kein Fall bekannt geworden, in dem ein Schwellenland seinen Einfluss auf ein von ihm kontrolliertes Unternehmen für politische Motive ›missbraucht‹ hätte[57]. Doch ist es prinzipiell denkbar, dass ein Staat seinen Staatsfonds als Vehikel nutzt, um zu versuchen, sich in ein strategisch bedeutendes Unternehmen – z. B. in der Rüstungs-, Hochtechnologie- oder Infrastrukturindustrie – einzukaufen und somit die Möglichkeit erhält, Unternehmensstrategien und -geschäfte zu beeinflussen oder Assets und Know-how dieses Unternehmens zu kontrollieren. »It wouldn't take much imagination to storyboard a Hollywood thriller based on massive manipulations of government controlled assets for malign economic impact; strategic thinkers in Washington certainly ought to be doing something of that sort to consider countermeasures«, meint Jim Griffin, Economic Advisor bei der niederländischen Bank ING (ING Investment Weekly, 28.3.2007). Um sich dagegen abzusichern, revidieren die Industriestaaten ihr stets wiederholtes Bekenntnis zu den Vorteilen des freien Kapitalverkehrs und sinnen auf Gegenmaßnahmen.

Abwehrmechanismen in den G7-Staaten

Die Maßnahmen, mit denen die Industriestaaten ihren Kapitalmarkt regulieren, folgen dem Ideal einer semipermeablen Membran: Für den Standort als nützlich erachtetes Kapital soll herein fließen, unerwünschte Investoren bzw. Investitionen sollen abgeblockt werden. Das Problem dabei ist, mittels allgemeiner Regeln ›gutes‹ von ›bösem‹ Geld zu unterscheiden. Zentraler Hebel für die Funktionalisierung ausländischen Kapitals ist es, dass in allen Ländern Transaktionen mit ausländischem Kapital und ausländische Betriebe den geltenden nationalen Vorschriften zum Kartellrecht, zu Berichterstattung und Unternehmensführung

---

[57] Dem gegenüber steht eine große Zahl von Unternehmen aus den Industrieländern, deren Beteiligung in einem Schwellen- oder Entwicklungsland für das Heimatland des Unternehmens zum Anlass für politische Interventionen gewesen ist. Man denke nur an die zahlreichen US-Interventionen in Lateinamerika zum Schutze der Interessen von Konzernen wie United Fruit.

ebenso unterliegen wie der Gesamtheit der Rechtsvorschriften, die für alle in diesem Rechtsraum operierenden Unternehmen gelten. Dadurch können Regierungen ausländische Unternehmen und Investoren auf eine Linie mit ihren nationalen Zielen bringen. Darüber hinaus verfügen die meisten Volkswirtschaften über Instrumente, um kritische Transaktionen zu identifizieren und Maßnahmen zur Abwendung einer Bedrohung ihrer Sicherheitsinteressen zu ergreifen. Zunächst existiert auch in den sich als weitgehend frei für Auslandskapital bezeichnenden Industriestaaten eine ganze Reihe von *indirekten Barrieren*, mit denen ausländische Direktinvestitionen abgehalten oder ihre Einflussmöglichkeiten beschnitten werden können.

In *Japan* können Investitionsabsichten von ausländischen Unternehmen modifiziert oder suspendiert werden, wenn die nationale Sicherheit, öffentliche Ordnung oder Sicherheit als gefährdet betrachtet werden. Dies gilt insbesondere für die Luftfahrt-, Rüstungs-, Sprengstoff-, Kernenergie- und Raumfahrtindustrie. *Italien* nimmt über ›goldene Aktien‹ Einfluss auf strategische Sektoren wie Energie oder Post. In *Frankreich* hält der Staat selber zum Teil bedeutende Anteile an Unternehmen, vor allem im Rüstungs-, Infrastruktur- und Energiesektor. Frankreich nimmt sich zudem das Recht zur Beschränkung der Liberalisierung des Kapitalverkehrs, genehmigt sich Ausnahmen von der OECD-Regel der der Gleichbehandlung (NTI), beschränkt ausländische Unternehmen bei Gründung, Erweiterung, Betrieb und bei öffentlicher Vertragsvergabe und bevorzugt nationale Unternehmen bei Rüstungsaufträgen. Im Dezember 2005 definierte die französische Regierung elf Branchen, die ihr aus Sicherheitsgründen schützenswert erscheinen, unter anderem die Bereiche Verteidigung, Verschlüsselungstechnik, private Sicherheitsdienste, aber auch Casinos. Ausländer brauchen für eine Beteiligung in diesen Sektoren eine Genehmigung des Wirtschaftsministeriums. In sieben dieser elf Sektoren werden Investoren aus EU-Mitgliedstaaten aber großzügiger behandelt als EU-Nichtmitglieder. In *Großbritannien* hält der Staat ›goldene Aktien‹ an Rüstungskonzernen und beschränkt ausländische Beteiligungen an British Aerospace und Rolls Royce auf 29,5 Prozent. Auch in anderen Sektoren ist das Ausmaß ausländischer Beteiligungen reguliert. Ausländische Unternehmen erhalten zudem keine militärischen Beschaffungsverträge, für als geheim eingestufte Aufträge kommen ohnehin nur inländische Unternehmen in Frage. Großbritannien erlaubt sich zudem ein Vetorecht gegen Veräußerung von Aktiva bestimmter Unternehmen und Ausnahmen vom OECD Instrument für Gleichbehandlung (NTI).

In den *USA* hatte bereits das Übernahmeangebot des chinesischen Energiekonzerns CNOOC für Unocal 2005 und die versuchte Übernahme von P&O durch DP World aus Dubai im Folgejahr eine Diskussion über die Prüfung ausländischer Investitionen entfacht – vor allem aufgrund von Sicherheitsbedenken nach dem 11. September 2001. Im Mittelpunkt standen Befürchtungen eines Ausverkaufs strategisch bedeutender Sektoren wie der Ölindustrie und ausländischer Kontrolle über sensible Infrastruktureinrichtungen wie Hafenanlagen.

1988 wurde in den Vereinigten Staaten der Defense Production Act aus dem Jahr 1950 mit dem so genannten Exon-Florio-Amendment (EFA) konkretisiert[58]. Damit können ausländische Beteiligungen oder Übernahmen von US-Unternehmen verboten oder ausgesetzt werden, wenn sie eine glaubwürdige Bedrohung der US-Sicherheit darstellen und keine andere zuständige Behörde angemessene Gegenmaßnahmen ergreift. Verschiedene Bereiche werden von vornherein vor ausländischem Einfluss geschützt: An US-Schifffahrts- oder -Fluggesellschaften dürfen Ausländer höchstens 49 Prozent der Anteile bzw. nicht mehr als 25 Prozent der Stimmrechte halten. Medienunternehmen, die zu mehr als 25 Prozent Ausländern gehören, erhalten keine Lizenzen der US-Medienaufsicht FCC.

Ob nationale Sicherheitsinteressen bedroht sind, prüft das im US-Finanzministerium angesiedelte Committee on Foreign Investments in the United States (CFIUS) und zwar anhand von fünf Prüfkriterien:

- Werden die Produkte des Unternehmens zur Erfüllung der nationalen Sicherheitsbestimmungen benötigt?

- Wird durch einen Verkauf ins Ausland die Fähigkeit zur nationalen Verteidigung eingeschränkt?

- Werden durch die Kontrolle des Unternehmens durch ausländische Investoren nationale Sicherheitsinteressen gefährdet?

- Besteht die Gefahr, dass militärische Güter und Technologie in Staaten gelangen, die den Terrorismus unterstützen oder chemische oder biologische Waffen herstellen?

- Besteht die Gefahr, dass die USA durch den Verkauf Wettbewerbsnachteile erleiden, die die nationale Sicherheit gefährden?

Das CFIUS legt seine Empfehlung dem US-Präsidenten vor, der letztlich entscheidungsbefugt ist. Seit 1988 wurden etwa 2000 Fälle vom CFIUS überprüft, von denen nur sehr wenige aufgrund von CFIUS-Bedenken zurückgezogen oder geändert wurden. Nur in einem einzigen Fall – 1988 – ordnete der Präsident die Rückabwicklung einer Beteiligung an einem US-Flugzeugteilebauer durch ein chinesisches Unternehmen an.

Im Zuge der jüngsten Diskussion ist das Prüfungsverfahren 2007 durch den Foreign Investment and National Security Act (FINSA) verschärft worden. Das CFIUS hat nun ein formelles Mandat, außer dem CFIUS werden auch andere Ministerien in den Prozess einbezogen, zum Beispiel das Energieministerium. Das CFIUS wird vergrößert, die Prüfungsfristen des Ausschusses werden verlängert, künftig dauert das Verfahren 75 Tage. Übernahmen durch ausländische Staatsunternehmen werden gründlicher geprüft und ausgewählte führende Kongressmitglieder genauer unterrichtet. Zudem wurden weitere Prüfkriterien eingeführt. So prüft das CFIUS künftig, ob die Beteiligung eines ausländischen Investors an einem US-Unternehmen

---

58 Vgl. zu folgendem: United States General Accounting Office (1995 und 1996) und: US Department of Treasury: CFIUS. www.ustreas.gov/offices/international-affairs/exon-florio/

- sicherheitsrelevante Auswirkungen auf die US-Infrastruktur einschließlich wichtiger Energieressourcen hat;
- den Zugang der USA zu wichtigen Rohstoffen und Materialien beeinträchtigt;
- durch einen Investor geschieht, dessen Land mit einem Gegner der USA im ›War on Terror‹ zusammenarbeitet.

Eine Meldepflicht im Vorfeld einer Übernahme existiert zwar nicht formell, de facto aber schon. So wurde der Einstieg des chinesischen Staatsfonds CIC bei Morgan Stanley mit den US-Behörden »auf höchster Ebene« besprochen, sie benötigte ebenso wie bei der Beteiligung am Finanzinvestor Blackstone »mit Sicherheit die Zustimmung der US-Regierung« (Financial Times, 20.12.2007). Weitere Anhörungen zum Thema SWF sind 2008 vor dem Banking Commitee des Senats und auch vor dem Repräsentantenhaus geplant. Man hält sich weitere Schutzmaßnahmen offen.

Die USA erteilen sich damit unter den G7-Staaten die umfassendsten Eingriffsrechte bezüglich ausländischer Investitionen. Wie der deutsche Industrieverband moniert, erstreckt sich »die Kontrolle von Übernahmen in den USA auf sämtliche Wirtschaftsbereiche, eine Fokussierung auf bestimmte Sektoren ist nicht vorgeben. Außerdem ist die zu schützende ›nationale Sicherheit‹ im US-System nicht scharf definiert« (BDI 2007a, 7). Genau hierin liegt wohl der springende Punkt der US-Regelung, die Deutschland mit der Novellierung seines Außenwirtschaftsgesetzes teilweise kopieren wird.

Abwehrmechanismen in Deutschland

Während in den Vereinigten Staaten, Frankreich und Japan Berichterstattungs- und Prüfungsmechanismen in eigenständigen Gesetzen geregelt sind, um sicherzustellen, dass die Behörden Kenntnis von ausländischen Investitionsaktivitäten erhalten, die für eine Beurteilung erforderlichen Informationen sammeln und die Transaktion innerhalb eines festgelegten Zeitrahmens überprüfen können, so waren in Deutschland die Mechanismen weniger formell. Aber auch in Deutschland können die Regierungen schon lange eine ausländische Investition bewerten und in Extremfällen unterbinden, sollte sie gegen nationale Interessen verstoßen.

Insgesamt sind ausländische Investoren bei Beteiligungen oder Übernahmen deutscher Unternehmen relativ frei. Dennoch gibt es einige Beschränkungen, z. B.:

- Meldepflichten, wenn ein Investor bestimmte Beteiligungshöhen überschreitet. Übersteigt sein Anteil am Unternehmen 3, 5, 10, 25, 50 oder 75 Prozent, so muss er dies dem Bundesaufsichtsamt für den Wertpapierhandel melden. Erwirbt er mehr als 30 Prozent, so muss er den übrigen Aktionären ein Übernahmeangebot machen.
- Unternehmen können sich die Rechtsform einer Kommanditgesellschaft auf Aktien geben, wodurch unerwünschter Einfluss auch von Mehrheitsaktionären

abgeblockt werden kann. Allein im Dax haben drei Unternehmen die Rechtsform der KGaA.

- Bereits das alte Außenwirtschaftsgesetz sah vor, dass ausländische Beteiligungen an Unternehmen der Rüstung und Kryptotechnologie vom Wirtschaftsministerium untersagt werden können[59]. Dies gilt für Unternehmen wie Rheinmetall oder KMW[60]. Beim europäischen Luftfahrt- und Rüstungskonzern EADS – ein Unternehmen niederländischen Rechts – regelt übrigens die Contractual Partnership zwischen Deutschland, Frankreich und Spanien die Aktionärsstruktur.

- Daneben existiert eine Reihe anderer Schutzmechanismen gegen unerwünschten ausländischen Einfluss. So halten der Bund oder staatliche Stellen an einigen Unternehmen aus dem Infrastrukturbereich Sperrminoritäten (Ende 2007 waren dies unter anderem Deutsche Telekom, RWE, Deutsche Post, Fraport; auch bei VW war dies der Fall). Auch bei Finanzinstituten wie Banken oder Versicherungen bestehen besondere Vorschriften, wenn eine Beteiligung eine »bedeutende« Höhe erreicht. Hier wird die Qualifikation der Anteilseigner geprüft. Dies gilt jedoch sowohl für In- wie für Ausländer. Lufthansa oder TUI schützt das Luftverkehrsnachweissicherungsgesetz[61]. Ein weiterer Schutzmechanismus ist die Ausgabe von vinkulierten Namensaktien[62] (z. B. bei Allianz). Auch beim Energieversorger Eon sorgen bestimmte Regelungen vor für den Fall, dass »der Erwerber begründeten Anlass zur Besorgnis gibt, dass energiepolitische Interessen der Bundesrepublik Deutschland beeinträchtigt werden« (HypoVereinsbank 2007, 6).

59 Das Außenwirtschaftsgesetz wurde 2004 verschärft, nachdem die US-Beteiligungsgesellschaft KKR 2003 das Rüstungsunternehmen MTU Aero Engines und die schwedische Beteiligungsgesellschaft OEP die Kieler Werft HDW übernommen hatten. »Deutschland hat ein Interesse daran, dass das Maß an Kapazitäten, die wir in der Rüstung haben, in Deutschland bleibt«, sagte damals Bundeskanzler Gerhard Schröder (Berliner Zeitung, 22.11.2003).

60 Auszug aus dem Außenwirtschaftsgesetz AWG (zit. nach Kern 2007):
§ 7 Schutz der Sicherheit und der auswärtigen Interessen
(1) Rechtsgeschäfte und Handlungen im Außenwirtschaftsverkehr können beschränkt werden, um
1. die wesentlichen Sicherheitsinteressen der Bundesrepublik Deutschland zu gewährleisten,
2. eine Störung des friedlichen Zusammenlebens der Völker zu verhüten oder
3. zu verhüten, dass die auswärtigen Beziehungen der Bundesrepublik Deutschland erheblich gestört werden.
(2) Nach Absatz 1 können insbesondere beschränkt werden […]
5. Rechtsgeschäfte über den Erwerb gebietsansässiger Unternehmen, die
- Kriegswaffen oder andere Rüstungsgüter herstellen oder entwickeln oder
- Kryptosysteme herstellen, die für eine Übertragung staatlicher Verschlusssachen von dem Bundesamt für Sicherheit in der Informationstechnik mit Zustimmung des Unternehmens zugelassen sind, oder Rechtsgeschäfte über den Erwerb von Anteilen an solchen Unternehmen, um wesentliche Sicherheitsinteressen der Bundesrepublik Deutschland zu gewährleisten; dies gilt insbesondere dann, wenn infolge des Erwerbs die sicherheitspolitischen Interessen der Bundesrepublik Deutschland oder die militärische Sicherheitsvorsorge gefährdet sind.

61 Das Luftverkehrsnachweissicherungsgesetz (LuftNaSiG) erfordert zur Aufrechterhaltung der internationalen Luftverkehrsrechte und der Luftverkehrsbetriebsgenehmigung nach Europarecht, dass das Eigentum der Lufthansa mehrheitlich in deutschen Händen liegt. »Jeder Aktionär wird mit Name, Anschrift und Nationalität erfasst, so dass Lufthansa jederzeit den Aktienbesitz kontrollieren und in kritischen Situationen (Gefahr der Überfremdung) Maßnahmen einleiten kann« (Factbook Lufthansa, 16.1.2008).

62 Die vinkulierte Namensaktie ist eine Sonderform der Namensaktie (lateinisch vinculum: Band, Fessel). Hier bedarf es zur Übertragung an andere Investoren zusätzlich der Zustimmung der Gesellschaft. Die Vinkulierung von Namensaktien wird üblicherweise eingesetzt, um unerwünschte Aktionäre vom Kauf der Aktien auszuschließen.

Deutschland rüstet auf: Neue Investitionsregeln

Diese Schutzmechanismen wurden im vergangenen Jahr mit der Entstehung des chinesischen Staatsfonds und der Zunahme der Anlagevermögen in den Schwellenländern als nicht mehr ausreichend angesehen, um Deutschlands nationale Interessen zu schützen. Debattiert wurde also eine Ausweitung dieser Schutzmechanismen, wobei einerseits der Kapitalfluss nach Deutschland gewährleistet, andererseits die Übernahme deutschen Produktivvermögens durch unerwünschte Investoren verhindert werden sollte. Während die *FDP* keinen Gesetzesbedarf sah, da es »für klar definierte sensible Bereich wie die Rüstungsindustrie bereits wirksame Schutzmechanismen gibt« und auch die *Grünen* der Ansicht waren, dass im Bezug auf die Staatsfonds »eine Angst geschürt (wird), die den realen Fakten nicht entspricht« (Süddeutsche Zeitung 14.12.2007), sahen andere Akteure Handlungsbedarf.

Der *Bundesverband der Deutschen Industrie* betonte in diesem Zusammenhang, dass Deutschland von offenen Märkten profitiere. Einerseits seien deutsche Unternehmen vom Kapital des Auslands wie auch von der Offenheit ausländischer Kapitalmärkte für deutsches Kapital abhängig. Beides dürfe nicht gefährdet werden. Angesichts der erwähnten Risiken sei jedoch »ein unreflektiertes Festhalten am Grundsatz der Investitionsfreiheit nicht angebracht. Das politische Ziel, die nationale Sicherheit zu schützen, ist legitim« (BDI 2007a, 4). Die Notwendigkeit zusätzlicher Regeln müsse allerdings »genau begründet werden«. Denn »überzogene Regelungen« würden der Attraktivität des Investitionsstandorts Deutschland schaden und »unsere internationale Wettbewerbsfähigkeit gefährden«. In der Konkurrenz um weltweites Anlagekapital solle Deutschland daher darauf hinwirken, dass in den Industrieländern gleiche Beschränkungen eingeführt werden. »Nationale Lösungen beeinträchtigen in erster Linie die Attraktivität des Investitionsstandortes Deutschland, eigenständige, nationale Ansätze sind daher äußerst kritisch zu bewerten« (BDI 2007b, 3).

Einige Vertreter der SPD befürworteten, dass bestimmte Sektoren wie Telekommunikation, Energie und Bankwesen unter Sonderschutz gestellt werden, indem der Staat Sperrminoritäten erwirbt – analog zu dem Vorgehen der Regierungen in Frankreich oder Italien. Von Seiten der CDU wurde dies jedoch abgelehnt. Andere Konzepte beinhalteten die Schaffung eines Kapitalfonds, der im Notfall große Anteile durch Übernahme gefährdeter Unternehmen kaufen sollte, um sie so zu schützen. Dies wurde ebenso verworfen wie die Einführung ›goldener Aktien‹, die dem Staat ein entsprechendes Einspruchsrecht geliefert hätten.

Als Vorkämpfer für einen intensivierten Schutz deutscher Unternehmen präsentierte sich vor allem die *CDU* unter Führung des hessischen Ministerpräsidenten Roland Koch. In dem Antrag des Bundesvorstandes vom Dezember 2007 (CDU 2007) richten sich die Autoren implizit gegen die chinesische Wirtschaftspolitik:

Erstens wird eine »wirksamere Durchsetzung bestehender Regeln zum Schutze geistigen Eigentums« gefordert, »insbesondere durch einen intensivierten Dialog mit den Schwellen- und Entwicklungsländern« (CDU 2007, 4).

Zweitens treten die Autoren des Papiers dafür ein, langfristig einen transatlantischen Markt aus EU und den USA zu schaffen.

Drittens schließlich »müssen wir unser Land vor Investitionen schützen, die nationale Interessen verletzen«. Eine »strategische Standortpolitik mit dem Ziel, die Zukunftsfähigkeit Deutschlands in Europa und der Welt zu gewährleisten« beinhalte auch Maßnahmen gegen Staatsfonds. Für deutsche Unternehmen forderte die CDU eine »größtmögliche Kenntnis über die Anteilseignerstruktur ausländischer Investoren« und zudem die Etablierung einer Rechtsgrundlage für die Einschränkung der Kapitalverkehrsfreiheit. »Zum Schutz der ›öffentlichen Sicherheit‹ oder der ›strategischen Infrastruktur‹ wollen wir Beteiligungen an Unternehmen von über 25 Prozent genehmigen, unter Auflagen genehmigen oder untersagen können« (CDU 2007, 8). Ein Investor könne eine genehmigungsfähige Beteiligung anzeigen und damit eine Genehmigung beantragen. Bei Nicht-Anzeige könne innerhalb einer Frist von drei Jahren auf die Ausübung der Beteiligung Einfluss genommen werden, eine Beteiligung kann dann also drei Jahre rückwirkend untersagt werden. Die Entscheidung über die Genehmigung soll innerhalb der Bundesregierung getroffen werden.

Explizit stellt das Papier klar, dass diese Regelung »gegenüber Investitionen aus EU-Ländern wie aus Drittstaaten« gelten soll. China und Russland allein waren also nicht gemeint.

Der CDU-Antrag war dann auch die Vorlage für Beratungen der Bundesregierung. Zum Schutz von Schlüsselbranchen in Deutschland wurde eine Arbeitsgruppe aus Kanzleramt, Wirtschafts- und Finanzministerium gebildet, die verschiedene Optionen zur Anpassung der deutschen Investitionspolitik prüfte. Vorbild eines Änderungsentwurfs des Bundesministeriums für Wirtschaft und Technologie vom Oktober 2007 für das Außenwirtschaftsgesetz war das US-amerikanische CFIUS-Verfahren. Gemäß dem Entwurf soll das Ministerium ausländische Übernahmen oder Beteiligungen an inländischen Unternehmen, infolge derer 25 Prozent der Stimmrechte oder mehr in ausländischen Besitz übergehen, innerhalb von drei Monaten prüfen. Als Prüfkriterien sind die »öffentliche Ordnung« und »Sicherheit« des Landes genannt.

In Sicherheitsfragen soll das Wirtschaftsministerium sich mit dem Finanz- und Innenministerium sowie mit Auswärtigem Amt und Kanzleramt beraten[63]. Für die ausländischen Investoren gilt eine Informationspflicht, zudem soll das Wirt-

---

63 Dem Drängen von Arbeitsminister Olaf Scholz und den Gewerkschaften, bei der Prüfung ausländischer Beteiligungen auch die Interessen der Arbeitnehmer und den Erhalt von Stellen zu berücksichtigen, erteilte die Bundesregierung zunächst eine Absage. Denn wirtschaftspolitische Auswirkungen einer Beteiligung – einschließlich dem Abbau von Arbeitsplätzen – seien laut EU-Vertrag kein zulässiges Argument gegen die Einschränkung des Kapitalverkehrs (vgl. Spiegel 28.1.2008). Im April 2008 zeichnete sich jedoch ab, dass dem Verkehrsministerium und – gegen den Willen des Wirtschaftsministeriums – auch dem Arbeitsministerium doch ein gewisses Mitspracherecht eingeräumt wird, wenn dies erforderlich sein sollte. Dieses Mitspracherecht werde jedoch nicht im Gesetz verankert, sondern in den Regeln zur Geschäftsordnung (Reuters 9.4.2008).

schaftsministerium auf Informationen der Bundesanstalt für Finanzdienstleistungen und des Bundeskartellamtes zurückgreifen können. Eine Beteiligung eines ausländischen Investors bleibt laut Entwurf für die Dauer der Prüfung schwebend unwirksam und würde nach Ablauf der Prüffrist wirksam, falls das Ministerium diese nicht vor Ablauf der Frist untersagt hat.

Ein Referentenentwurf des Bundeswirtschaftsministeriums sieht Änderungen des Außenwirtschaftsgesetzes, der Außenwirtschaftsverordnung, der Wertpapiererwerbs-, Übernahme- und Wettbewerbsgesetze vor, um ausländische Investitionen zukünftig einem Prüfverfahren zu unterwerfen.

Vorgesehen sind im Einzelnen:

- Die Regelungen des AWG werden auf Fälle erweitert, in denen eine Beschränkung von Auslandsinvestitionen aus Gründen der öffentlichen Ordnung oder Sicherheit in Deutschland geboten ist (§ 7 Abs. 1 Nr. 4 und Abs. 2 Nr. 6 AWG).

- Das Bundesministerium für Wirtschaft und Technologie ist zuständig für das Prüfverfahren und entscheidet in bestimmten Fällen im Einvernehmen mit dem Auswärtigen Amt, ggf. auch im Einvernehmen mit dem Bundesministerium für Verteidigung oder dem Bundesministerium des Innern (§ 28 Abs. 2 Nr. 2 AWG).

- Erwirbt ein ausländischer Käufer 25 Prozent oder mehr der Stimmrechte an einem Unternehmen und verfügt dadurch über eine Sperrminorität (§ 53 AWV), dann kann das Wirtschaftsministerium den Erwerb prüfen. Dies gilt sowohl für den unmittelbaren als auch den mittelbaren Erwerb einer Beteiligung. Ein Unternehmen mit Sitz in Deutschland, an dem ein ausländischer Investor mit mindestens 25 Prozent beteiligt ist, wird als ausländisches Unternehmen angesehen.

- In der ersten Stufe entscheidet das Wirtschaftsministerium innerhalb von drei Monaten, ob es den Erwerb prüfen will. In dieser Zeit ist die Transaktion schwebend unwirksam. Falls das Ministerium keine Prüfung einleitet, ist das Geschäft nach Ablauf der drei Monate wirksam (§ 31 Abs. 3 AWG und § 53 AWV). Zweite Stufe: Entscheidet das Ministerium, eine Prüfung einzuleiten, dann teilt es dies dem Erwerber mit und fordert von ihm die vollständigen Unterlagen an. Nach Erhalt der Unterlagen hat das Ministerium für die Prüfung einen Monat Zeit. Das BMWi kann eine geprüfte Transaktion untersagen oder Anordnungen erlassen (§ 53 AWV).

- Der Erwerber kann eine Prüfung beantragen, ist hierzu jedoch nicht verpflichtet (§ 7 Abs. 1 und 2 Nr. 6 AWG).

- Die Bundesanstalt für Finanzdienstleistungen sowie das Bundeskartellamt werden ermächtigt, dem BMWi relevante Informationen zukommen zu lassen. Es gilt das Prinzip der Offenheit bei Anwendung der neuen Regeln.

»Eine solche gesetzliche Regelung würde die Investitionsregeln in Deutschland im Wesentlichen dem amerikanischen Modell des CFIUS-Prozesses annähern« (Kern 2007, 22). Bemerkenswert ist zudem, dass die geplanten Änderungen für alle ausländischen Investoren galten, nicht nur für Staatsfonds.

Verworfen wurden damit andere Rechtsinstrumente, die seitens der Arbeitsgruppe geprüft oder von anderen Politikern vorschlagen worden waren wie zum Beispiel der Einsatz von ›goldenen Aktien‹ oder die Einrichtung eines staatlich kontrollierten Schutzfonds der deutschen Wirtschaft, der als ›weißer Ritter‹ Anteile ausgewählter deutscher Unternehmen kaufen und diese so vor unerwünschten ausländischen Investitionen schützen sollte. Verzichtet wurde auch auf eine Ausdehnung des Geltungsbereichs der Rüstungsindustrie-Vorschriften des AWG auf bestimmte ›strategische Sektoren‹ wie Telekommunikation, Logistik, Post und Energieversorgung oder auf die Benennung fester Kriterien für die Ablehnung eines Investments. Verzichtet wurde ebenfalls auf die Benennung einer Umsatzgrenze als Kriterium für die Anmeldepflicht. Mit der angestrebten Regelung lässt sich die Bundesregierung also einen weiten Beurteilungsspielraum bezüglich ausländischer Investitionen. »Mit einem Kaugummi-Paragraphen sichert sich die Politik ihr Einspruchsrecht. Denn während das AWG heute Beschränkungen nur für Rüstungs- und Verschlüsselungsfirmen gewährt, sind künftig alle Branchen betroffen, sobald die ›öffentliche Ordnung und Sicherheit der Bundesrepublik Deutschland‹ gefährdet sind« (Die Welt 5.1.2008). Diese Handlungsfreiheit entspricht der der US-Regelung.

Die Haltung der EU

Kritik am Gesetzesentwurf regte sich in der Europäischen Union. Denn eine pauschale Einschränkung von ausländischen Direktinvestitionen ist nach EU-Recht problematisch. Nach EG-Vertrag Artikel 56 und 43 sollen Investoren aus Mitgliedsländern und aus Drittländern keiner Beschränkung des Kapitalverkehrs unterliegen. Eine Abweichung hiervon ist nur in Ausnahmeregelungen möglich. Insgesamt zeigte sich die EU in der Staatsfondsdebatte zunächst jedoch uneinig. Der Vorsitzende der Euro-Finanzminister Jean-Claude Juncker unterstützte den Kurs der CDU. EU-Handelskommissar Peter Mandelson schlug zwar einerseits das Instrument der ›goldenen Aktie‹ zum Schutz vor dem Ausland vor, gleichzeitig aber warnte er vor »zu viel Protektionismus« (SZ 14.12.2007). EU-Binnenmarktkommissar Charlie McCreeevy kritisierte die Bundesrepublik mit den Worten: »Wir haben kein Interesse daran, Barrieren für Investitionen aufzurichten. Staatsfonds sollten nicht als Argument benutzt werden, um Investoren aus aufstrebenden Volkswirtschaften vor einer Anlage in den klassischen Industrieländern abzuhalten« (dpa 5.12.2007). EU-Kommissionspräsident José Manuel Barroso warnte die Bundesregierung vor einem nationalen Alleingang im Umgang mit Staatsfonds aus Nicht-EU-Ländern. »Wir treten für einen europäischen Ansatz ein« (FTD 18.10.2007). Prinzipiell nähme die Kommission es als Anlass zur Beunruhigung, wenn die EU nicht offen und attraktiv für Staatsfondsinvestitionen wäre und Staatsfonds überall außer im EU-Binnenmarkt investierten.

Zu Beginn des Jahres 2008 legte die Kommission schließlich ein einheitliches EU-Konzept vor, »durch das die Staatsfonds an Transparenz, Berechenbarkeit und Verantwortlichkeit gewinnen sollen« (EU-Kommission 2008). Kernpunkt war ein Plädoyer für einen auf Freiwilligkeit basierenden SWF-Verhaltenskodex, der verhindern soll, »dass einige Staatsfonds in einer Grauzone operieren und zu anderen als wirtschaftlichen Zwecken genutzt werden«. In diesem Sinne unterstützte die EU die Bemühungen des IWF und der OECD bei der Ausarbeitung eines Code of Conduct für die Staatsfonds. Die Forderung nach Transparenz drückte also das prinzipielle Misstrauen auch der EU gegenüber Staatsfonds und den hinter ihnen stehenden Regierungen aus.

Einerseits war die Kommission der Meinung, »die Mitgliedstaaten der EU sollten sich auf ein gemeinsames Handlungskonzept verständigen und nicht im Alleingang Maßnahmen ergreifen, die den Binnenmarkt fragmentieren könnten«. Wesentlich an dieser Formulierung war hier aber das »sollten«: Am Ende verständigten sich die Staats- und Regierungschefs der EU auf ihrem Frühjahrsgipfel Mitte März darauf, dass EU-Länder nationale Maßnahmen gegen Staatsfonds ergreifen dürfen. Entsprechende nationale Gesetze würden jedoch im Hinblick auf ihre Vereinbarkeit mit den Regeln des EU-Binnenmarktes geprüft. Auf Druck der EU beschloss die Bundesregierung schließlich, dass etwaige neue Schutzmaßnahmen vor ausländischen Beteiligungen nicht für Unternehmen aus den EU-Staaten gelten sollen.

Weitergehende Anforderungen an SWF-Staaten

Neben der Neufassung des Außenwirtschaftsgesetzes hat die Bundesregierung weitere Maßnahmen ergriffen, damit die Mittel der Staatsfonds dem Standort Deutschland nutzen.

Wohlverhalten…
Auf internationaler Ebene hat Deutschland gemeinsam mit den anderen G7-Staaten den Internationalen Währungsfonds beauftragt, bis zum Herbst 2008 einen Wohlverhaltenskodex für die Staatsfonds zu erarbeiten. Dieser soll Richtlinien und Anreize für institutionelle Vereinbarungen, Unternehmensführung, operatives Management und Risikomanagement, politische Verantwortlichkeit und die Transparenz von Vorschriften, Geschäftsabläufen, Vermögensverwaltungsrichtlinien und Performance schaffen. Auf ihrer Herbsttagung 2007 betonten die G7-Finanzminister in ihrer Erklärung, dass die Fonds selber Anforderungen in Bezug auf Management, Transparenz, Struktur und Verantwortlichkeit genügen müssen. (G7 2007).

Die Anforderungen an die SWF sind dabei recht umfassend. »Ein auf internationaler Ebene vereinbarter Verhaltenskodex würde im Idealfall spezifische Mindestanforderungen hinsichtlich der formalen Mandate und Statuten der Staatsfonds, Berichterstattung mindestens auf jährlicher Basis sowie eine unabhängige Prüfung der Bilanz und Jahresabschlüsse von Staatsfonds beinhalten. Ähnlich sollten die Verpflichtung, nationale und internationale Finanzmarktgepflogenheiten und Standards der Unternehmensführung zu befolgen, und der Grundsatz, finanzielle und nicht politische Ziele zu verfolgen, in diesem Verhaltenskodex verankert sein« (Kern 2007, 15). Vorbild für China, Russland oder die Opec-Staaten wäre dabei der Norwegische Pensionsfonds.

Die Einhaltung der Regeln des SWF-Verhaltenskodex' soll, das betonen seine Initiatoren, natürlich ›freiwillig‹ sein. Darüber hinaus werden den Staatsfonds weitere freiwillige Selbstbeschränkungen ›vorgeschlagen‹, mit denen sie Vertrauen schaffen könnten in jenen Ländern und Branchen, in denen sie investieren wollen: »So ist es zum Beispiel den Staatsfonds-Managern in Norwegen gelungen, mögliche Bedenken über staatliche Investitionen dadurch zu zerstreuen, dass sie sich auf kleine Minderheitsanteile in einzelnen Unternehmen beschränken und ihr Portfolio über ein großes Spektrum einzelner Finanzinvestitionen streuen – angabegemäß nahezu 4 000 verschiedene Engagements weltweit mit einer maximalen Beteiligung von je 5 Prozent am Eigenkapital. Ähnlich kann eine auf strategische Fragen – als Teil des langfristigen Ziels der Ertragsmaximierung der Investition – beschränkte Einmischung in Managemententscheidungen des Zielunternehmens ein wichtiges Signal sein, um die unpolitischen Ambitionen eines Fonds zu unterstreichen« (Kern 2007, 17f). Über einen Verhaltenskodex aus der Feder genau jener Institution, die in den Entwicklungs- und Schwellenländern seit Jahrzehnten als Machtinstrument der etablierten Industriestaaten bekannt ist – dem IWF – versuchen die G7-Staaten also, in den Heimatländern der SWF bei der Verwendung ihres Reichtums ein Wort mitzureden. Es ist euer Geld, so die Botschaft, aber damit könnt ihr nicht tun was ihr wollt. Mit dem Kodex würden die SWF-Staaten ein Einspruchsrecht der Zielländer ihrer Investitionen akzeptieren.

Die Antwort der Schwellenländer fiel dementsprechend gedämpft aus. So versprach zum Beispiel der GIC aus Singapur seinerseits mehr Transparenz. Das Finanzministerium Singapurs werde häufiger und detaillierter über die Prozesse, das Management und die Investments des Fonds berichten, auch regelmäßigere Angaben der Renditen wurden in Aussicht gestellt. »We believe it is good to have better understanding, some form of code of good practice, so that operations of the (sovereign wealth) funds, and the reactions of the recipient countries, will not lead to further problems«, so der GIC-Vizechef Tony Tan (Business Week, 28.1.2008). Damit soll allerdings bindenden Vorgaben aus den Industrieländern zuvorgekommen werden. Die in Singapur geplanten Richtlinien sollten »weitgehend freiwillig sein und allgemein und flexibel gehalten werden«, hieß es. Tan begründete die Einschränkung der Transparenz seines SWF damit, dass GIC auch die Währungsreserven Singapurs verwalte. Jede Veröffentlichung über die Größe des Fonds oder seine Wertentwicklung könnte den Stadtstaat für Währungsspekulanten angreifbar machen.

Auf dem Weltwirtschaftsforum (WEF) in Davos Anfang 2008 lehnten – mit Ausnahme der Vertreter des norwegischen Pensionsfonds – alle Repräsentanten anderer SWF die Forderung nach mehr Transparenz ab.»Wir sind seit 25 Jahren im Geschäft und verstehen nicht, wozu mehr Information dienen soll, hieß es, sowohl der Chef der Kuwait Investment Authority wie auch der Vize-Chef der Saudi Arabian Monetary Agency und der russische Finanzminister Alexei Kudrin lehnten die Forderung nach einem Verhaltenskodex ab« (Bloomberg News 24.1.2008). Chinas CIC nannte die Einführung eines Verhaltenskodex unnötig und unfair, der stellvertretende CIC-Präsident Jesse Wang sagte der Nachrichtenagentur Dow Jones Newswire (6.3.2008):»Wir brauchen niemanden, der uns sagt, was wir tun sollen.« Kritisch gegenüber der Staatsfondsdebatte in Deutschland äußerte sich insbesondere Kudrin:»Die Investitionen der SWF sollten den Grundsätzen eines freien Kapitalverkehrs genügen. Wir wollen keine Einschränkungen« (FAZ 21.10.2007). Zuvor hatte schon die chinesische Notenbank davor gewarnt, dass sich Regierungen nicht zu stark in die Finanzmärkte einmischen sollten[64].

Den G7-Staaten dürfte also klar sein, dass ihre Vorstellung eines freiwilligen Wohlverhaltenskodex auf Widerstand treffen wird:»Bei Staatsfonds ist diese Transparenz auf internationaler Ebene schwer durchzusetzen, da sie von unabhängigen Staaten getragen werden, von denen nicht alle bereit sein dürften, genauere Informationen über ihre Investitionsaktivitäten zu geben« (Kern 2007, 13). Es wird dennoch darauf bestanden, dass die Heimatländer der SWF – auch wenn es sich um so potente Staaten wie die Volksrepublik China handelt – keineswegs frei über die Verwendung ihrer auf dem Weltmarkt verdienten Mittel entscheiden dürfen.»China is sovereign within its own borders, but in the international financial context, in its investment policy as well as its exchange rate policy, China's sovereignity is constrained by the fact that it is not the only country whose interests are involved« (Truman 2007, 15). Unter dem Druck der G7-Staaten signalisierte Mitte März Chinas Außenminister Yang Jiechi schließlich ein Einlenken. Sein Land würde unter Umständen an der Ausarbeitung eines Kodex mitwirken:»Diese Spielregeln müssen natürlich von allen Beteiligten festgelegt werden« (Finanznachrichten.de 12.3.2008). Der Streit darum, *ob* es ein Einspruchsrecht der Industrieländer bei SWF-Investitionen geben soll, dürfte also zu einem Streit *um* die Formulierung dieser Einspruchsrechte werden.

---

64 Diese ablehnende Haltung wurde den SWF-Ländern postwendend zum Vorwurf gemacht: So fragte sich der ehemalige US-Finanzminister Lawrence Summers öffentlich, warum Staaten, die sich wohlverhalten wollten, einen Verhaltenskodex ablehnten, der ihnen eben dieses Wohlverhalten vorschreibe?»Das Argument ›Wir haben X nie getan, aber es wäre das Ende der Welt, wenn man uns daran hinderte, X zu tun‹ ist nicht wirklich beruhigend für Menschen, die sich um X Sorgen machen«, so Summers (Financial Times 24.1.2008).

... und Reziprozität

Doch die Anforderungen an die Schwellenländer in Fragen der Kapitalverkehrsfreiheit gehen über die Befolgung eines Investment-Regelwerkes hinaus. »For recipients of government-controlled investments, we think it is important to build on principles such as nondiscrimination, transparency, and predictability« (G7 2007). Wesentlich folgenschwerer als der Vorschlag eines Wohlverhaltenskodex zur Erreichung von »transparency« und »predictability« ist die in den Industrieländern verstärkt aufkommende Forderung nach ›nondiscrimination‹, also nach gleichen Investitionsbedingungen in Schwellen- und Industrieländern.

Hintergrund dieser Forderung ist die Unzufriedenheit der Regierungen der etablierten Industriestaaten mit den Beschränkungen, die ihre Unternehmen in den Schwellenländern gewärtigen. Im Vergleich mit den Volkswirtschaften in der EU, den USA oder anderen OECD-Ländern sind Nicht-OECD-Mitglieder in der Tat deutlich restriktiver gegenüber ausländischen Investitionen. China und Russland – zwei der größten Akteure bei staatlichen Investitionen in der Welt – sind gemeinsam mit Indien weltweit am strengsten gegenüber ausländischen Investitionen auf ihrem Staatsgebiet. Dies zeigt sich am FDI Regulatory Restrictiveness Index der OECD, der den Grad der Freiheit misst, den ausländische Investitionen in einem Land genießen.

OECD-Restrictiveness-Index

Land	OECD-Wert
Deutschland	0,064
UK	0,070
Italien	0,075
Frankreich	0,092
Japan	0,101
USA	0,120
Brasilien	0,196
Südafrika	0,235
Russland	0,320
Indien	0,401
China	0,410

Quelle: OECD 2006a

So hat *Russland* erfolgreich ausländische Beteiligungen an seiner Öl- und Gasindustrie eingeschränkt und arbeitet gesetzliche Vorschriften zur Beschränkung ausländischer Investitionen in weiteren strategischen Sektoren aus. Die nationale Föderale Sicherheitsbehörde Russlands ist laut eines kürzlich verabschiedeten Gesetzes aktiv in Entscheidungen über ausländische Beteiligungen in 39 Schlüsselindustrien eingebunden (z. B. Kernenergie, Luftfahrt, Rohstoffe und Rüstungsindustrie). Ähnlich existiert in *China* eine Reihe von Beschränkungen für ausländische Direktinvestitionen, die Schlüsselindustrien wie den Telekommunikations- und Finanzsektor schützen und die – für alle ausländischen Direktinvestitionen – Anteile an inländischen Unternehmen über 25 Prozent verbieten. Auch »Indiens Volkswirtschaft ist nach wie vor vergleichsweise geschlossen und genießt weit reichenden Schutz vor ausländischer Konkurrenz. ... Die Heritage Foundation stuft das Land in ihrem Index of Economic Freedom als ›mostly unfree‹ ein (Rang 104 der 157 Länder)« (Mildner/Husar 2007, 4f.). Und schließlich schirmen auch die Mitgliedsstaaten des Golf-Kooperationsrats ihre Öl-, Bank- und Immobilienmärkte gegen ausländischen Zugriff ab.

Diese Asymmetrie hat unter Politikern der Industriestaaten zu der ›Überlegung‹ geführt, den Marktzugang für ausländische Investoren – einschließlich Staatsfonds – davon abhängig zu machen, ob im Heimatland des Investors ein entsprechender Marktzugang gewährt wird. In Worten von Bundeskanzlerin Merkel: »Wenn wir Beschränkungen beim Zugang zu russischen Unternehmen haben, dann darf man den Europäern nicht übel nehmen, wenn wir uns spiegelbildlich verhalten« (Spiegel 2.7.2007, 85). Auch die EU-Kommission sieht die Notwendigkeit, sensible Industriezweige zu schützen, besonders wenn die Käuferländer diese im eigenen Land abschotten. Auch sie betont die Bedeutung der Reziprozität des Marktzugangs.

Während sich der IWF nun also schwerpunktmäßig um einen Wohlverhaltenskodex für die SWF kümmert, soll die OECD Regeln erarbeiten, durch deren Befolgung sich Schwellenländer für Investitionen aus dem Ausland öffnen. Sie soll sich auf die »Vermeidung unnötig restriktiver Marktzugangsbeschränkungen in den Zielländern konzentrieren. Die OECD strebt Empfehlungen zur Wahrung größtmöglicher Investitionsfreiheit…an« (Eidgenössisches Volkswirtschaftsdepartement: Ausländische Staatsfonds als Direktinvestoren. Bern, 30.1.2008).

Fazit: Ideologien, Ziele und Nutzen
der Staatsfonds-Debatte

Zusammenfassend kann festgestellt werden, dass in der Debatte um Staatsfonds viel Heuchelei im Spiel ist und viel Dramatisierung, was Bedeutung und mögliche Folgen dieser Investmentvehikel angeht. Dies macht die Diskussion nebelhaft und die gelieferten Begründungen ungenügend. Zunächst soll hier auf die Heuchelei eingegangen werden, anschließend werden die – wohl gezielten – Übertreibungen dargestellt; und schließlich sollen die Zwecke der Debatte wie der aus ihr folgenden Abwehrmechanismen im Klartext genannt werden.

Die Heuchelei

Nicht ganz zu Unrecht beklagen Politiker aus den Schwellenländern, dass sie in der SWF-Debatte unfair behandelt werden. Tatsächlich misst die Kritik an Staatsfonds häufig mit zweierlei Maß. Die Staatsfonds-Kritiker schrecken dabei auch vor Heuchelei nicht zurück.

- So muss darauf hingewiesen werden, dass mit der Einrichtung von Staatsfonds die Schwellenländer den Ratschlägen des Westens gefolgt sind. Schließlich wurden die Staaten der Dritten Welt jahrzehntelang gemahnt, ihr Geld nicht für den Staatskonsum, für Importe von Konsumgütern oder für so genannte ›gigantische Prestigeprojekte‹[65] auszugeben. »In fact the IMF has strongly encouraged exporters of nonrenewable resources to build up exactly such funds in preparation for a rainy day« (Johnson 2007). Diesen Rat haben die Schwellenländer befolgt – dennoch ist man nicht mit ihnen zufrieden.

- Auf der einen Seite propagieren die Staaten des Westens Kapitalverkehrsfreiheit, die ›allen nutzt‹, nur um dies zu revidieren, sobald die Freiheit des Kapitals nicht mehr die gewünschten Ergebnisse zeitigt. »Nobody minded when emerging economies recycled all those dollars, pounds and euros by putting cash on deposit in our banks, or buying bonds issued by our governments...They are just diversifying their holdings, like any other prudent investor would...We buy their oil, their metals or their cheaply manufactured consumer goods, and we have to give them something in return« (Lynn 2007). Dieses ursprünglich propagierte System soll nun nicht mehr uneingeschränkt gelten.

---

65 So wurden häufig große Investitionsprojekte in der Dritten Welt wie Staudämme oder andere Infrastrukturmaßnahmen genannt, mit denen Entwicklungsländer ihre Industrialisierung vorantreiben wollten. Da sich die Industrialisierung zumeist nicht wie erhofft einstellte, blieb die bereitgestellte Infrastruktur nutzlos, was sie in den Augen von Experten aus der Ersten Welt zu reinen ›Prestigeprojekten‹ der jeweiligen Regierung werden ließ. Auch dies ist eine Weise, wie man die Ursachen für Unterentwicklung in der Dritten Welt selber finden kann, nämlich in der Geltungssucht ihrer Politiker.

- Die SWF stehen im Verdacht, ihre Investments nicht nur an der Erzielung einer Maximalrendite auszurichten, sondern auch an ›politischen‹ Erwägungen. Dabei ist die Verknüpfung von Investitionen und Politik eine Praxis, die für die kapitalistischen Führungsnationen absolut üblich ist. So werden zum Beispiel in den USA Investitionen in Kuba oder Iran verboten, und deutsche Staatsoberhäupter werden sogar regelmäßig dafür kritisiert, dass sie politische Kritik an China der Aussicht auf deutsche Investitionen opfern. Auf einer niedrigeren Ebene sind ›politische‹ Erwägungen bei so genannten ethisch-ökologischen Investments akzeptiert. So auch beim norwegischen Pensionsfonds, der in seiner Anlage nicht allein auf maximale Rendite zielt, sondern durchaus noch andere Ziele verfolgt: Der Staatsfonds verkaufte zum Beispiel Aktien von Boeing und EADS wegen ihrer Beteiligung an der Atomrüstung, des Bergbaukonzerns Freeport-Mcmoran wegen seiner Verschmutzung indonesischer Urwaldflüsse oder Aktien von Wal-Mart wegen des schlechten Umgangs mit der Belegschaft. In andere Unternehmen wie reine Rüstungskonzerne wird erst gar nicht investiert. »Unpolitisch sind auch die Norweger nicht« (Manager-Magazin. 1.10.2007). Für die SWF aus den Schwellenländer soll diese Freiheit aber nicht gelten.

- Vom CDU-Antrag zum Schutz deutscher Unternehmen vor missliebigen ausländischen Investoren »muss das Signal ausgehen: Staatskapital ist nicht privates Kapital«, ließen die Autoren bei der Vorlage des Antrags verlauten. Vornehm übergangen wurde dabei, dass sich staatliche und staatsnahe Konzerne Deutschlands in aller Welt eingekauft haben (s. Kap. 1).

- Daneben lebt die Warnung vor SWF von der absurden Forderung, der Staat müsse sich aus den Unternehmen ›heraushalten‹ – eine Forderung, gegen die staatliche Investoren verstießen. Dabei sind SWF aus staatlicher Sicht nur eine von mehreren Möglichkeiten, in Finanzanlagen und Unternehmensvermögen zu investieren und Einfluss auszuüben. »Alternativ können Staaten direkt in Finanzanlagen, insbesondere Aktien, investieren und als passive oder aktive Minderheits- oder Mehrheitsaktionäre auftreten. Zudem können staatliche Einrichtungen im Namen des Staates Vermögenswerte halten. Zu diesen Einrichtungen gehören hauptsächlich die Zentralbanken, die die nationalen Währungsreserven verwalten. Daneben kann ein Staat indirekt Vermögenswerte über staatliche Unternehmen halten, die wiederum Anteile an privaten Unternehmen erwerben. Schließlich kann ein Staat auch informell Einfluss auf private Unternehmen nehmen, indem er z. B. Unternehmensentscheidungen oder die Führungsauswahl privater Unternehmen beeinflusst« (Kern 2007, 3). Zudem können Staaten versuchen, nationale Pensionsfonds (die bei weitem größer sind als Staatsfonds) für politische Zwecke zu instrumentalisieren. So hat der US-Kongress über ein Gesetz beraten, dass die Pensionsfonds zu »terrorfreien Investments« verpflichtet (Manager Magazin 1.10.2007). All diese Kanäle staatlicher Einflussnahme auf den privaten Sektor bieten heute in vielen Fällen weiterreichende Eingriffsmöglichkeiten als Staatsfonds und werden von den Industrieländern ausgiebig genutzt.

- Und schließlich zeigen sich Politiker aus den Industriestaaten zwar häufig besorgt über das Ausmaß der Armut in Ländern wie China, Russland oder Indien. Gleichzeitig aber ist keine Kritik an den Staatsfonds bekannt, die vorschlägt, die ›überschüssigen Devisenreserven‹ der Schwellenländer lieber zur Linderung der Armut der Bevölkerung einzusetzen. Allen ist klar, dass die Devisenreserven damit zweckentfremdet wären. So weit zur Heuchelei der Debatte.

Die Dramatisierung

Zudem hängt das Ausmaß der dargestellten ›Bedrohung«, die von Staatsfonds ausgehen soll, stark vom Willen des Betrachters ab – seinem Willen zu Übertreibung, selektiver Wahrnehmung und Dramatisierung. Ohne Probleme lassen sich Staatsfonds als vielleicht interessante, aber nicht weiter folgenschwere Erscheinung an den Weltfinanzmärkten darstellen. *Schließlich …*

… sind Staatsfonds nichts Neues.
Sie existieren zum Teil bereits seit Jahrzehnten. So ist zum Beispiel Kuwait schon seit den Siebzigern größter Anteilseigner eines der wichtigsten deutschen Unternehmen, Daimler. Zudem ist es merkwürdig, Beteiligungen von Staatsfonds an Unternehmen als neu auftretende Abhängigkeit der Industrieländer von anderen Staaten und deren Investitionsvehikeln zu sehen. Schließlich befand sich ein beträchtlicher Teil der heute von Staatsfonds investierten Mittel ehemals als offizielle Währungsreserve in den Händen der die Fonds tragenden Regierung beziehungsweise ihrer Zentralbank. »Da diese Reserven überwiegend in Staatsanleihen von Ländern wie den USA oder den EU-Mitgliedsländern investiert wurden, bestehen entsprechende Abhängigkeiten von ausländischen Investoren schon seit langem, wenn auch auf Staatsebene« (Kern 2007, 18).

… üben sich die Staatsfonds in Wohlverhalten.
Zumindest bislang sind die Staatsfonds bei ihren Investitionen in Unternehmen der Industriestaaten sehr vorsichtig vorgegangen. So erhielten die verschiedenen SWF im Herbst 2007 für ihre Milliarden-Beteiligungen an westlichen Banken zwar hohe garantierte Renditen, aber keine Mitspracherechte. Das gilt insbesondere für China: Wie bei seinem Investment in Morgan Stanley hat der Staatsfonds CIC beim Finanzinvestor Blackstone auf einen Sitz im Aufsichtsrat ebenso verzichtet wie auf Stimmrechte – obwohl Blackstone CIC Stimmrechte angeboten hatte und das CIC-Investment auf die Initiative des US-Finanzinvestors zurückging. Nicht die Chinesen hatten sich also um Blackstone bemüht, umgekehrt hatte Blackstone der CIC Aktien angeboten.
»Staatsfonds sind angenehme Aktionäre, weil sie schnell entscheiden und angenehm im Umgang sind«, sagt Piero Novelli, Manager bei der Schweizer UBS

(SZ 18.12.2007). Nach Aussagen von Managern jener Unternehmen, an denen sich SWF bislang beteiligt haben, sind Staatsfonds als Anteilseigner wesentlich beliebter als zum Beispiel Hedge-Fonds oder Private-Equity-Gesellschaften, die oftmals kurzfristig orientiert sind und hohe Renditeanforderungen an ihre Investments stellen. Dagegen investieren SWF langfristig und halten sich mit Eingriffen in die Unternehmenspolitik zurück. In der Finanz-Community gelten sie bislang als Modell-Investoren und werden diese Strategie wohl beibehalten, um ihre Position nicht zu schwächen. »It is likely that these funds will be less activist agitators for corporate change than investment from other sources such as pension funds. Can you imagine the Chinese sovereign wealth fund launching a proxy contest to unseat the board of directors of Morgan Stanley?« (New York Times 29.1.2008).

… sind Staatsfonds zu klein, um zu stören.
Die geschätzte Summe von rund 3 Bill. Dollar, über die die globale Staatsfonds-branche verfügen soll, erscheint zwar groß und wäre auch das Doppelte der Summe, die Hedge-Fonds verwalten. Insgesamt aber ist das Volumen der einzelnen Staatsfonds bislang zu gering, als dass von ihnen größere Negativ-Folgen zu erwarten sind[66]. Nach Berechnungen der Qatar Investment Authroity QIA verfügen die Staatsfonds über etwa 1 Prozent der globalen finanziellen Vermögenswerte. »That's hardly a juggernaut and will take over the financial landscape in the US or anywhere else«, said Kenneth Shen, head of strategic and private equity for QIA. »The Japanese didn't take over the US as people once feared they would, hedge funds didn't take over Wall Street« (Bloomberg News, 10.12.2007).

Volumen in Bill. Dollar:	
Verbriefte Kredite:	100
Bankaktiva:	64
Aktienmarktkapitalisierung:	42
HNWI-Mittel*:	37
Private Schuldverschreibungen:	36
Öffentliche Schuldverschreibungen:	23
Investmentfonds:	21
Pensionsfonds:	18
Versicherungen:	16
Währungsreserven (ohne Gold):	4,2
Staatsfonds:	3,1
Hedge-Fonds:	1,4

*HNWI (High Net-Worth Individuals) sind vermögende Privatpersonen. Staatsfonds und verbriefte Kredite: Stand Ende 2007. Sonst: Stand Ende 2005;

Quellen:
Kern 2007, Bloomberg

66 Auch wenn patriotische deutsche Politiker vor den ›riesigen Exporteinnahmen‹ zum Beispiel Russlands warnen, mit denen deutsche Unternehmen aufgekauft werden könnten, rückt ein Blick in die Statistik die Verhältnisse zurecht: 2007 exportierte Russland Waren im Wert von 352 Mrd. Dollar, seine Einnahmen, also der Handelsbilanzüberschuss, betrugen 152 Mrd. Dollar. Das ist nicht gerade beeindruckend verglichen mit Deutschlands Exporten von rund 1300 Mrd. Dollar und einem Handelsbilanzüberschuss von 270 Mrd. Dollar.

Besonders starke Auswirkungen auf Aktien- oder Rentenkurse sind aus diesem Grund wohl nicht zu erwarten. Die SWF sind schlicht zu klein. »Insgesamt dürften Nachfrage- und Preisauswirkungen gering sein, wenn man das Volumen der Kapitalzu- und -abflüsse durch andere, größere institutionelle Investoren oder private Investitionen in Betracht zieht« (Kern 2007, 10). Auch die Gefahr, dass Entwicklungs- und Schwellenländer massiv Mittel aus US-Staatsanleihen abziehen, sie in andere Vermögenswerte umschichten und dadurch einen Dollar-Krach auslösen, dürfte nicht allzu groß sein – schon allein, weil die Schwellenländer damit ihre gigantischen Devisenreserven entwerten würden. Bedeutender sind in diesem Markt zudem andere, kapitalstärkere institutionelle oder private Investoren wie Pensionsfonds oder Aktienfonds. Sicherlich können die Umschichtungen in Staatsfonds-Portfolios gleichlaufende Reaktionen bei anderen Investoren und dadurch Herdenverhalten auslösen, was die Märkte destabilisieren könnte. Allerdings sind »Herdenverhalten und Ansteckungsgefahren keine Staatsfonds-spezifischen Phänomene und können ebenso von anderen Marktteilnehmern verursacht werden« (Kern 2007, 11). Nebenbei sei hier noch bemerkt, dass die Möglichkeit von Herdenverhalten durch die von den G7-Staaten geforderte erhöhte Transparenz von Staatsfonds bestenfalls verringert, aber nicht beseitigt würde.

Daher sah die Institution, die die Stabilität der Weltfinanzmärkte im Blick hat, der IWF, keine großen Gefahren durch die Staatsfonds – zumindest bevor er durch die G7-Staaten mit der Erstellung eines Wohlverhaltenskodex für SWF beauftragt wurde: »What should the IMF do about this situation? There is certainly no need für dramatic action …There's no apparent reason to see the continued existence of these funds as destabilizing or worrying« (Johnson 2007). Die größere Gefahr für die Finanzmarktstabilität sieht Simon Johnson, Direktor des IWF-Research-Abteilung, tendenziell in Hedge-Fonds, die oftmals das Zehnfache ihres Anlagekapitals an Kredit aufnehmen, um damit zu spekulieren. Dies macht sie verletzlich, und ihre Intransparenz und mangelnde Regulierung macht sie zu einer Bedrohung für die Stabilität: »In sum, sovereign wealth funds are major state-owned players of the 21st century. Hedge funds, while becoming more prominent in this century, are in some sense a throwback to the end of the 19th century, when large pools of private capital moved around the world with unregulated ease – and generally contributed to … a fair number of crises« (Johnson 2007).

Weder scheint also die Stabilität der Weltfinanzmärkte durch SWF bedroht, noch gibt es in Deutschland Grund genug, einen Damm gegen die Flutwelle ausländischen Investmentkapitals aus den Schwellenländern zu errichten. Denn von den 390 Mrd. Euro an ausländischen Direktinvestitionen des Jahres 2006 kam lediglich 1 Prozent aus Südkorea, Saudi-Arabien kam auf 0,003 Prozent, Russland auf 0,2 Prozent und China auf 0,05 Prozent. »Der Vehemenz, mit der die Staatsfondsdebatte geführt wird, widerspricht die tatsächlich unbedeutende Rolle, die die Staatsfonds im Bereich der ausländischen Direktinvestitionen in Deutschland spielen« (Andreae 2007, 12).

… investieren Staatsfonds vor allem in ihren Heimatländern.

Das für Auslandsinvestitionen verfügbare Volumen einzelner Staatsfonds wird zudem durch die Tatsache vermindert, dass nicht alle SWF-Mittel im Ausland angelegt werden. Oftmals ist es sogar nur ein geringer Teil. Ein Beispiel hierfür ist Russland. Die Mittel des russischen Stabilitätsfonds beliefen sich 2007 auf 147 Mrd. Dollar. Im Februar 2008 wurde der Fonds aufgeteilt in einen Reservefonds, der das Land gegen einen Fall der Energiepreise absichern soll, und einen ›Fonds für zukünftige Generationen‹. Der Reservefonds erhielt den Großteil der Mittel, um sie konservativ anzulegen, nach Mitteilung der russischen Regierung sollen dies besonders zuverlässige Schuldverschreibungen ausländischer Staaten sein. Der ›Fonds für zukünftige Generationen‹ dagegen darf sein Geld auch in ausländische Investmentfonds oder Aktien anlegen, er erhält aber nur etwa 25 Mrd. Dollar. Für lediglich 11 Mrd. Dollar sollen Beteiligungen unter anderem an ausländischen Rohstoff- und Energiekonzernen erworben werden. »Gegenwärtig ist für uns wichtiger, in Russland die großen Investitionsprojekte anzuschieben«, sagt Wladimir Dmitrijew, Chef der russischen Bank für Entwicklung und Außenwirtschaft (Die Welt, 23.1.2008). Das erscheint auch vernünftig, schließlich muss nach Expertenschätzungen bis 2020 ungefähr eine Billion Dollar in die Infrastruktur Russlands fließen. Auch der chinesische Staatsfonds konzentriert sich vor allem auf Investitionen im Inland: »Thus about two thirds of the initial $200 billion in the CIC investments nominally will be domestic« (Truman 2007, 9).

… suchen Staatsfonds lediglich Rendite.

Daneben spricht viel dafür, dass das Ziel von Staatsfonds lediglich darin besteht, eine möglichst hohe und sichere Rendite auf ihr eingesetztes Kapital zu erzielen, was sie von anderen Investoren nicht unterscheidet. Denn dieses Ziel entspricht ihrem Ausgangspunkt: überschüssige Mittel rentabler anlegen[67]. Schließlich sind »diese Fonds nicht das Ergebnis einer Strategie zur Schwächung anderer Staaten, sondern die Folge einer bestimmten Einnahmesituation des Staatshaushalts, die in keinem Fall…als dauerhaft bewertet werden kann« (Hüther 2008). Dem entspricht auch die Anlagepolitik der Staatsfonds. So erreichen Staaten wie Russland oder China durch Investments in Rohstoff-Unternehmen eine vertikale Integration ihrer eigenen Rohstoff-Sektoren und sichern sich so Zugang zu den für die Produktion unersetzlichen Grundstoffen. Und auch die Beteiligungen an global operierenden Banken, Immobilienfirmen oder Beteiligungsgesellschaften wie Blackstone oder Carlyle sind im Sinne des Renditeziels funktional; denn mit Investments in Finanz- oder Immobiliengesellschaften beteiligt sich der Investor nicht so sehr am Erfolg einer bestimmten Branche, sondern am Erfolg des gesamten kapitalistischen Geschäftsgangs[68].

---

67 Die Bewertung von Milliarden an Währungsreserven als ›überschüssig‹ verweist übrigens auf die Tatsache, dass auch in Ländern mit großer Armut wie Russland oder China die erwirtschafteten Mittel nicht dafür vorgesehen sind, die Armut der Bevölkerung zu lindern.

Ist die Erzielung von Überschüssen tatsächlich das zentrale Ziel von Staatsfonds, so scheidet das – häufig unterstellte – Ziel ›politische Einflussnahme‹ aus. »Auf Grund der Auftragslage, möglichst sichere Investitionen und Rendite zu erreichen, wäre eine Übernahme oder Mitbestimmungsbeteiligung an großen deutschen Unternehmen allein aus Gründen der politischen Einflussnahme wenig zielführend. Sie würde zu einem beträchtlichen Risikozuwachs des Fonds führen und die Renditeziele nachhaltig gefährden« (Andreae 2007, 5)[69]. Politischen Zielen von Staatsfonds sind durch die eigenen Renditeerwartungen also Grenzen gesetzt. Schließlich hängt von ihrem Ruf als besonders langfristige und zuverlässige Partner ihre Reputation ab. Staatsfonds dürften also selbst kein Interesse haben, ihren Ruf zu gefährden. Zudem müssen sie jede Handlung vermeiden, die Misstrauen und Gegenmaßnahmen in den Zielländern ihrer Investitionen hervorrufen können. Denn um ihre Renditeziele zu erreichen, sind die SWF auf offene Kapitalmärkte angewiesen[70].

Natürlich heißt die Tatsache, dass es SWF ›um Rendite‹ geht auch, dass diese Rendite über Umwege erzielt werden kann. Wenn sich Dubai oder Singapur bei US-Großbanken einkaufen, dann sicher nicht nur, weil sie enorme Aktienkurssteigerungen bei diesen Werten erwarten. Sondern auch, »weil sie als Finanzzentren New York und London den Rang ablaufen wollen… Da ist es praktisch, wenn man an potenziellen Großkunden unmittelbar beteiligt ist« (Süddeutsche Zeitung 19.1.2008). Ein derartiges Vorgehen wiederum ist nichts besonders hinterhältiges, sondern als ›strategische Investition‹ im weltweiten Kapitalismus gang und gäbe.

… ist sehr fraglich, wie ›politischer Missbrauch‹ von Beteiligungen überhaupt funktionieren soll.
Schließlich stellt sich die Frage, wie es die hinter Staatsfonds stehenden Regierungen überhaupt anstellen könnten, Beteiligungen an Unternehmen der Ersten Welt ›politisch zu missbrauchen‹? Denn es sagt sich so leicht, dass Russland nach einer Beteiligung an Eon ›uns das Licht ausdreht‹; oder China sich die Deutsche

---

68 Speziell die Investoren aus China dürften den angeschlagenen US-Banken übrigens willkommen sein. Es liegt nahe zu vermuten, dass sich die Kreditinstitute durch die Beteiligung eines chinesischen Investors einen Vorteil erhoffen für den Moment, in dem die Volksrepublik ihren Binnenmarkt für Finanzdienstleistungen gänzlich für ausländische Banken öffnet.

69 Wie ideologiefrei einige Staatsfonds ihre Renditeziele verfolgen, zeigt das Beispiel Dubai: So erwarb das Emirat im August 2007 für 5 Mrd. Dollar 9,5 Prozent des Casino-Konzerns MGM Mirage – obwohl Glücksspiel in Dubai, den VAE und der gesamten Golfregion aus religiösen Gründen untersagt ist.

70 Die Renditeorientierung von Staatsfonds bezieht sich vorrangig auf die Auslandsinvestitionen. Nach innen dagegen spielen politische Motive eine große Rolle. So wurde die chinesische CIC bislang vor allem dazu eingesetzt, das chinesische Bankensystem zu stützen. CIC übernahm für 67 Mrd. Dollar Central Huijin, die staatliche Investmentgesellschaft, die die drei größten chinesischen Banken kontrolliert, und zahlte 20 Mrd. Dollar zur Rekapitalisierung der China Development Bank. Diese Entscheidungen gehorchten nicht allein Renditezielen im strengen Sinne, sondern waren Maßnahmen zur Stabilisierung des lokalen Finanzsystems – Maßnahmen, wie sie in allen Ländern üblich sind. Auch die USA bewahrten in den Neunzigern mit Staatsgeldern ihre Savings&Loans-Sparkassen vor dem Ruin, Frankreich zahlte für das Überleben von Crédit Lyonnais, und die im Zuge der US-Hypothekenkrise kriselnde deutsche Bank IKB wurde mit Bundesmitteln gerettet.

Telekom einverleibt und dann...ja was eigentlich? Mit dem politischen Missbrauch ist es nämlich gar nicht so einfach. Denn zunächst bedeutet eine Beteiligung von beispielsweise 25 Prozent an einem Unternehmen ja nicht mehr, als dass der Investor 25 Prozent der Dividendensumme erhält, mit 25 Prozent der Stimmrechte und also mit einer Sperrminorität ausgestattet ist und eventuell einen Sitz im Aufsichtsrat erhält. Selbst bei größeren Beteiligungen kann der Investor mit dem Unternehmen nicht machen, was er will, er darf gemäß den Gesetzen des Investitions-Ziellandes nicht gegen die Interessen des Unternehmens handeln[71].

Selbst wenn ein Investor ein Unternehmen zu 100 Prozent kauft, ist er dabei an die geltenden Rechtsbestimmungen im Zielland seiner Investition gebunden. Der Transfer von sensibler Technologie ins Ausland ist durch Exportkontrollvorschriften geregelt. Verpflichtungen zur Grundversorgung mit Netzdienstleistungen (Energie, Telekommunikation, Post) ergeben sich aus den geltenden gesetzlichen Bestimmungen und aus den Vorgaben der nationalen und internationalen Regulierungsbehörden. Daher kann ›der Russe‹ in Deutschland auch mittels einer Beteiligung an einem Stadtwerk nicht das Licht ausdrehen. Zudem bieten gesellschaftsrechtliche Instrumente (s. S. 62f.) Schutz vor unerwünschten Beteiligungen. Letztlich widersprechen sich auch die Ziele, maximale Rendite zu erwirtschaften und politischen Einfluss auszuüben. Denn wenn sich ein ausländischer Investor längerfristig am Markt etablieren will, ist ein gutes Image für ihn von größter Bedeutung. Missbraucht er seine Beteiligung, kann dies teuer werden: »Auf Märkten, in denen Wettbewerb herrscht, können sich nämlich keine Unternehmen halten, die politische Ziele statt Gewinnziele verfolgen« (Götz 2007, 4).

Staatsfonds müssen sich in ihrem Verhalten also den geltenden rechtlichen Bestimmungen des ›Gastlandes‹ fügen. »Their ownership by foreign governments doesn't override the laws applicable in the countries where they are investing. If they break UK or German Laws, they will be in trouble, just like anyone else« (Lynn 2007). Im Konfliktfall können sich SWF und die hinter ihnen stehenden Regierungen zudem nicht darauf verlassen, durch ihr Eigentum an Unternehmensanteilen am längeren Hebel zu sitzen. Denn letztlich ist eine Beteiligung nur ein Rechtsanspruch. Und der ist soviel wert, wie die Macht des Investors, ihn durchzusetzen. Darauf weist der Schweizer Wirtschaftshistoriker Baumberger hin (Baumberger 2008): »Rechtsansprüche lassen sich in eine Bilanz schreiben. ... Aber man kann sie nicht essen, mit ihnen nicht bauen, in ihnen nicht wohnen, mit

---

71 Wie schwierig ein Transfer von Know-how vom Unternehmen zum Investor ist, zeigt das Beispiel des deutschen Windkraft-Unternehmens Repower. Repower gehört zu 86,5 Prozent der indischen Suzlon. Ende 2007 wollte Suzlon Repower dazu bringen, überteuerte Windrad-Getriebe bei der Suzlon-Tochter Hansen zu beziehen; zudem wollte Suzlon das Know-how für das Repower-Modell 5M nach Indien übertragen, um die Getriebe dort selber zu günstigeren Konditionen herzustellen. Doch das Repower-Management wehrte sich erfolgreich gegen den Mehrheitseigentümer. Denn akzeptiert ein Management ungünstige Lieferverträge oder Technologietransfer, so macht es sich der Untreue strafbar. Für die volle Kontrolle eines Unternehmens benötigt auch ein Mehrheitseigentümer nach deutschem Aktienrecht einen Beherrschungsvertrag. Um diesen abzuschließen, muss er allerdings Ausgleichszahlungen an die restlichen Aktionäre leisten. (FTD 8.2.2008).

ihnen nicht Krieg führen. ... Die Finanzgeschichte internationaler politischer Konflikte zeigt deutlich, dass in zwischenstaatlichen politisch-ökonomischen Interessenkollisionen nicht der Rechtsanspruch, sondern die physische Herrschaft ausschlaggebend ist. Die politische Macht beruht letztlich auf der Möglichkeit physischer Herrschaftsausübung und nicht auf dem Umfang angesammelter Rechtsansprüche.« Baumberger nennt dafür verschiedene Beispiele:

- »Als 1931 die deutsche und weitere zentraleuropäische Regierungen den freien Devisen- und Kapitalverkehr unterbanden, half es der Schweiz nichts, dass sie ein wichtiger Nettogläubiger dieser Länder war.

- Als die USA 1940 die schweizerischen Guthaben und die auf ihrem Gebiet gelagerten Goldvorräte der Schweiz sperrten, war die Schweiz machtlos.

- Als im Konflikt um die nachrichtenlosen Vermögen die USA in den 1990er Jahren mit Sanktionen gegen schweizerische Banken in den USA drohten, verstanden die dort engagierten Institute rasch, dass die USA in der Lage waren, ihnen erheblichen Schaden zuzufügen, und willigten deshalb in einen Vergleich ein.

Während Eingriffe in schweizerisches Vermögen im Ausland Legion sind, dürfte es schwierig sein, Beispiele zu finden, in welchen die Schweiz zu Schaden kam aufgrund politisch motivierter Schachzüge ausländischer Investoren beim schweizerischen Firmen.« Baumberger folgert also: »Die ausländischen Assets der Staatsfonds sind teuer gekaufte Ansprüche. Die Heimatstaaten der Staatsfonds befinden sich deshalb keineswegs in einer besonders komfortablen politischen Machtposition.« Ein Druckpotenzial besitzen also jene Staaten, in welchen die physischen Aktiva liegen und die die militärische Macht haben, ihre ›Rechtsauffassung‹ auch durchzusetzen. Auch auf dem Feld der internationalen Beteiligungen gilt: Das Recht ist das Recht des Stärkeren.

Angesichts der genannten Punkte ist es verständlich, wenn viele Beobachter und Experten sich wundern, warum die Staatsfonds überhaupt solch eine Aufregung verursachen. Schließlich herrsche allgemein »Uneinigkeit ... hinsichtlich der möglichen Auswirkungen ihres Wachstums und ihrer Aktivitäten überhaupt« (Kern 2007, 21).

Insofern ist deutlich, dass die vielfach dargestellte Ausgangssituation – Ölscheichs, Russen und Asiaten fallen in Deutschland ein und kaufen die Unternehmen auf – nicht zutrifft. Dennoch halten die Industrieländer wie Deutschland, Frankreich oder die USA es für nötig, die Situation zu dramatisieren und entsprechende Gegenmaßnahmen zu ergreifen. Warum?

Ursachen, Zweck und Nutzen der Staatsfonds-Debatte

Neue Weltordnung I:
Verschiebung der Machtgewichte – Industrieländer gegen Schwellenländer
Hintergrund der Debatte um SWF ist eine Verschärfung der globalen zwischenstaatlichen Konkurrenz, der sich insbesondere Europa eher ausgesetzt sieht, als dass es sie initiiert oder steuert. Gekennzeichnet ist die neue Situation einerseits durch die in Kapitel 3 dieser Arbeit dargestellten Verschiebung der globalen Machtgewichte durch den Aufstieg neuer bzw. die Erstarkung alter Konkurrenten um Geld und Einfluss. Die etablierten Industrienationen sehen sich herausgefordert, von diesem Aufstieg einerseits zu profitieren und ihn andererseits einzuhegen. Bei letzterem geht es speziell um die Atommächte Russland und China, aber auch um Brasilien, Indien und die Ölförderstaaten.

China und Russland zeigen sich in der Weltpolitik zunehmend selbstbewusst und gehen dabei auch Gegensätze zur EU und zu den USA ein. Im Bezug auf die Staatsfondsdebatte lässt sich also sagen, dass Deutschland mit der Volksrepublik China nicht deswegen ein Problem hat, weil China einen Staatsfonds gegründet hat. Umgekehrt gilt: Da die deutsche Politik ohnehin ein Problem mit China hat, gerät auch der chinesische SWF ins Visier. Mit der Warnung vor Staatsfonds wird der Gegensatz mit der hinter dem SWF stehenden Staatsgewalt ausgedrückt. Russlands Präsident Wladimir Putin mag zwar beschwichtigen: »Fürchtet Euch nicht. Wir kommen nicht mit Kalaschnikows und Panzern, sondern mit Geld.« (Die Welt 5.1.08). Das Problem für Politiker in Deutschland besteht jedoch darin, dass Russland beides hat: das Geld und die Kalaschnikows. Darauf spielt auch Wladimir Dmitrijew, Chef der russischen Bank für Entwicklung und Außenwirtschaft, an, wenn er darauf hinweist: »Eine Zeile in einem russischen Revolutionslied lautet ›Wir sind friedliche Leute, aber unser Panzerzug steht auf dem Nebengleis‹« (Die Welt 23.1.2008).

Ausgehend von Erfolgen bei Rohstoff- und Warenexport erreicht die Macht der Schwellenländer mit der Einrichtung von Staatsfonds eine neue Stufe: Sie werden als mitbestimmende Akteure nicht mehr nur auf den Waren- oder Rohstoffmärkten aktiv, sondern auch auf den Kapitalmärkten – also auf dem Sektor, dessen Bedeutung mit der drastischen Zunahme der Globalisierung im Finanzsektor in den vergangenen 30 Jahren und der ›Financialisation‹ der globalen Wirtschaft, also der Dominanz des Finanzsektors in der Gesamtsumme der Wirtschaftstätigkeit, gewachsen ist. Die Kapitalmärkte sind heute nicht mehr nur irgendein Markt unter vielen oder der Kapitallieferant der so genannten ›Realsphäre‹; umgekehrt ist die Produktion von Gütern und Dienstleistungen abhängig von der Bewertung dieser Geschäfte durch die Kapitalmärkte. Damit ist den Finanzinvestoren größere Macht zugeflossen. Ein Ausdruck der ›Financialisation‹ ist die Zunahme von transnationalen Firmenübernahmen. »Weltweit ist in den vergangenen Jahren ein kräftiger Anstieg der grenzüberschreitenden Investitionen zu erkennen. Laut

UNCTAD erreichen die weltweiten Direktinvestitionen 2005 einen Wert von 916 Mrd. Dollar, gegenüber dem Vorjahr ist das ein Zuwachs um 27 Prozent. Treiber dieser Entwicklung sind grenzüberschreitende Unternehmensfusionen« (BDI 2007b). Alle Industriestaaten haben diese Entwicklung per Finanzmarktliberalisierung vorangetrieben. Diese Freiheit des Kapitalverkehrs nehmen sie nun teilweise zurück und fordern ein Vetorecht bei Kapitalflüssen aus den Schwellenländern – seien es Investitionen in Rohstofflagerstätten, Unternehmen oder Schuldverschreibungen.

Was die EU und USA insbesondere alarmiert, ist weniger der potenzielle Einfluss der Staatsfonds auf europäische oder amerikanischen Unternehmen – dazu sind die SWF mit einem verwalteten Vermögen von rund 3 Bill. Dollar noch zu klein. Sie sind aber groß genug, um in der sog. Dritten Welt als Machtkonkurrenten aufzutreten. So liegt der Gesamtwert aller gehandelten Wertpapiere in Afrika, Nahost und Emerging Europe bei 4 Bill. Dollar, ähnlich ist der Wert für Lateinamerika. Kredite und Investitionen Chinas in Afrika oder die Beteiligungen Russlands in den GUS-Republiken schaffen neue Abhängigkeiten und entziehen Entwicklungsländer dem direkten Zugriff der Nato-Staaten, die die neue Situation als verminderte Abhängigkeit von Drittweltstaaten von sich konstatieren. Geldflüsse von Russland oder China in Länder wie Iran oder Sudan[72] sorgen dafür, dass derartige von den USA explizit als ›Schurkenstaaten‹ klassifizierte Länder dem Druck des Westens nicht mehr gänzlich ausgeliefert sind.

Mit dem geplanten SWF-Verhaltenskodex und der Forderung nach ›Transparenz‹ an die Adresse der Staatsfonds propagiert die G7 ihre Regelungs- und Richtlinienkompetenz – und zwar ohne Not und zu einem Zeitpunkt, an dem von einer durch Staatsfonds ausgehenden Gefahr weit und breit noch nichts zu sehen ist. Galt früher die globale Gläubigerposition der Industriestaaten gegenüber den Schwellenländern als Grund für diese Richtlinienkompetenz des Westens, so weist die G7 in und mit der SWF-Debatte die Schwellenländer darauf hin, dass diese auch als Geldgeber nicht in der dominanten Position sind. Ihnen wird die Erlaubnis zur Investition gewährt, ebenso wie früher die Kredite.

Mit der Verdächtigung ›Den Staatsfonds geht es nicht bloß um Profit‹, drücken die etablierten Weltmächte ihren Anspruch aus, dass die Devisenmilliarden der Schwellenländer zuallererst den Industrieländern als Kapitalquelle dienen sollen – und dass die Staatsfonds von diesem Nutzen einen Anteil in Form von Dividende oder Zins beanspruchen dürfen. Der Ertrag der Schwellenländer und ihrer Staatsfonds ist damit konzipiert als abhängige Variable des Nutzens der Industriestaaten. Mit der öffentlich geäußerten Sorge, die Schwellenländer könnten ihre Staatsfonds zu politischen Zwecken missbrauchen wird ihnen das Verbot ausgesprochen, das zu tun, was im globalen Kapitalismus und im zwischenstaatlichen

---

72 Insbesondere am Fall Sudan wird derzeit ausgefochten, was die politische und ökonomische Rückendeckung Chinas für von den USA bekämpfte Regimes wert ist.

Verkehr üblich ist: Geschäftsbeziehungen als politischen Hebel zu gebrauchen. Da die Industriestaaten ihrerseits dies weiter tun wollen – von Sanktionen gegen Länder wie Iran, Kuba oder Sudan über die Einforderung von ›Rechtssicherheit‹ in Russland oder das Hineinregieren in Rohstofflieferländer[73] – bekunden sie mit ihrem öffentlich geäußerten Verdacht in Richtung SWF ihren Willen, Staatsfonds und deren Investitionen nicht als Einschränkung ihrer weltpolitischen Handlungsfähigkeit zu akzeptieren. Die Botschaft des Westens gen Russland und China lautet nicht bloß: Setzt uns nicht unter Druck! Sondern auch: Wir wollen euch weiter unter Druck setzen können!

Mit der von neoliberalen Ideologen kritisierten Einschränkung[74] des internationalen Kapitalverkehrs dokumentieren die Regierungen der etablierten Weltmächte einerseits, wie wenig sie unbedingte Anhänger eines liberalisierten Finanzmarkts sind. Entgegen den kursierenden Ideologien glauben Politiker keineswegs daran, dass Liberalisierung und ›Globalisierung‹[75] letztlich allen nutzen. Andererseits tun Europa und die USA mit ihren Warnungen vor ausländischen Staatsfonds kund, dass sie sich nicht mehr sicher sind, quasi automatisch die Profiteure des von ihnen eingerichteten Weltmarkts zu sein.

Neue Weltordnung II:
US-Offensive und Wirtschaftspatriotismus – Industrieländer gegen Industrieländer
Zweifel am Nutzen des freien Weltmarkts regen sich insbesondere in dem Land, das ihn initiiert hat. Nach dem Zweiten Weltkrieg setzten die Vereinigten Staaten eine zunehmende Liberalisierung des Welthandels durch, Waren und Kapital sollten frei fließen, da sich die US-Regierungen sicher waren, sie und ihre überlegenen Unternehmen würden der natürliche Gewinner einer freigesetzten Konkurrenz sein. Diese freie Konkurrenz wird seitens der USA heute korrigiert. Spätestens seit den Anschlägen des 11. September 2001 organisieren sie die von ihnen geschaffene Weltordnung neu. Ihr ›War on Terror‹ genanntes Programm zu Festigung und Ausbau der amerikanischen Vorherrschaft auf dem Globus beinhaltet nicht nur ein weltumspannendes militärisches Programm inklusive Kriegen, Kriegsdrohungen, Waffenlieferungen und -embargos, Instrumentalisierung von Nato und Uno oder dem Aufbau von Militärbasen. Auch ihre ökonomische Macht setzen die Vereinigten Staaten ein, um ihren Monopolanspruch in Weltordnungsfragen durchzukämpfen und setzen hier neue Regeln. Daraus folgen für die anderen Staaten einschneidende Beschränkungen des weltweiten Geschäftsverkehrs.

---

73 Siehe hierzu Blume/Kaufmann (2007b).
74 Diese Einschränkung kann als Gesetz zum Schutz der eigenen Industrie auftreten, aber auch weniger formell als schlichte Warnung an die investierenden Schwellenländer, bei ihren Investitionen den politischen Willen der Industriestaaten zu berücksichtigen.
75 ›Globalisierung‹ ist hier in Anführungszeichen gesetzt, da es sich um einen ideologiebefrachteten Begriff handelt. Kritisiert ist er in: Kaufmann, Stephan: Der Sound des Sachzwangs. Blätter für deutsche und internationale Politik 3/06. Berlin. 2006.

Diesen Geschäftsverkehr ordnen die USA ihren strategischen Bedürfnissen unter, das heißt sie beurteilen ihn vom Standpunkt der nationalen Sicherheit und unterbinden ihn fallweise. Dies beinhaltet unter anderem umfassende Beschränkungen des weltweiten Verkehrs von Personen, Waren und Geld ebenso wie ökonomische Zwangsmaßnahmen wie Handelsembargos zur Schädigung missliebiger Regierungen in Iran, Syrien, Nordkorea, Weißrussland, Kuba, Sudan, Burma, Gaza etc. Als wirksamste Waffe im Weltwirtschaftskrieg erweist sich für die Amerikaner ihre dominante Rolle im globalen Zahlungsverkehr: Über den Finanzplatz New York und seine Banken läuft der Großteil der Finanztransaktionen, auch wenn US-Unternehmen gar nicht involviert sind. Laut US-Finanzminister Paulson »ist das Finanzministerium ein entscheidender Pfeiler in der außen- und sicherheitspolitischen Strategie des Präsidenten...Unser Finanzsystem gewährt uns enorme Möglichkeiten, weil Technologie und Integration es für jeden, der das Finanzsystem benutzt, schwerer gemacht haben, sich zu verstecken ...So fügen wir unseren nationalen Sicherheitsanstrengungen eine innovative finanzielle Dimension hinzu. Der Finanzminister kann die Werkzeuge effektiv nutzen, vor allem weil die USA Hauptumschlagplatz des Weltfinanzsystems sind.«[76]

Staaten und Unternehmen der ganzen Welt sehen sich daher gezwungen, sich als Instrument der US-Sicherheitsstrategie zu bewähren – auch gegen ihre eigentlichen Interessen. Denn ihnen wird mit einem Ausschluss aus der größten Volkswirtschaft der Welt gedroht. Daher haben sich zum Beispiel auch alle deutschen Banken dazu entschlossen, ihre Geschäftsbeziehungen mit dem Iran aufzugeben. »Die meisten Spitzeninstitute der Weltfinanz haben ihr Irangeschäft nunmehr drastisch reduziert oder ganz aufgegeben. Größtenteils sind sie rechtlich nicht verpflichtet, diese Schritte zu tun, sondern haben sich aus Klugheit und Integrität entschlossen, dass sie nicht die Banker eines solchen Regimes sein wollen. Den Banken, die beschlossen haben, Geschäfte auf Dollar-Basis zu beenden, Irans Transaktionen aber in anderen Währungen ausführen, würde ich sagen, dass das Risiko, Irans Geschäfte durchzuführen, in jeder Währung gegenwärtig ist.«[77]

Die USA wappnen sich aber auch gegen genau den Einfluss von außen, den sie kraft ihrer Ökonomie auf andere Staaten ausüben. So haben sie ihre Gesetze zur Steuerung ausländischer Investitionen verschärft und unterbinden zum Beispiel Beteiligungen von Ausländern an US-Unternehmen, die die »nationale Sicherheit« gefährden (Vgl. hierzu auch van Scherpenberg 2006). Bemerkenswert ist hierbei, wie weit der Begriff »Sicherheit« hier gefasst ist. Nicht nur fallen in diesen Bereich die verschiedensten Branchen und Güterklassen. Das CFIUS prüft zudem, ob die Gefahr besteht, dass die USA durch den Verkauf einer Firma Wettbewerbsnachteile erleiden, die die nationale Sicherheit gefährden. Damit beziehen

---

76 US-Finanzministers Paulson in New York am 14.6.2007. Zitiert nach: Gegenstandpunkt 4/07. München. 2007. S. 99.
77 US-Finanzministers Paulson, ebd., S. 100.

die USA »den weltwirtschaftlichen Erfolg anderer nicht wie bisher auf ihre Fähigkeit zum eigenen und klagen unfaire Konkurrenz an, wenn der fremde Erfolg zu groß, der eigene zu klein ausfällt. Sie beziehen fremden Konkurrenzerfolg direkt auf die nationale Macht, die daraus entsteht und die eigene Macht begrenzt. Die Sorge, dass ihrer Wirtschaft die Nutzung des Weltmarkts nicht mehr wie bisher gelingen könnte, tritt als Sicherheitsfrage auf...Wo der fremde Wettbewerbserfolg als Sicherheitsproblem aufgefasst wird, wird er als Quelle von Macht betrachtet, und bei der geht ein Zuwachs der anderen Seite notwendigerweise auf Kosten der eigenen. Anders ausgedrückt: Die USA machen einen gesicherten ökonomischen Konkurrenzvorsprung vor anderen Staaten zur Bedingung ihrer nationalen Sicherheit.« Damit wird anderen Staaten mitgeteilt, »dass ihr ökonomischer Erfolg Grenzen haben muss oder als Angriff auf die USA gewertet wird«.[78]

Für Staaten und Unternehmen anderer Länder bedeutet dies:

- dass ihnen Zugang zum US-Markt nur dann gewährt wird, wenn und inwieweit sie sich als treue Vasallen der US-Politik erweisen und ihre eigenen Ziele denen Washingtons unterordnen;

- deutliche Einschränkungen ihrer wirtschaftlichen Möglichkeiten;

- eine eingeschränkte Verwendbarkeit ihrer Dollar-Guthaben (die sie nicht mehr frei verwenden dürfen);

- eine insgesamt labilere Weltwirtschaftsordnung – auch weil die USA parallel durch massive Verschuldung zur Finanzierung ihrer Handels- und Budgetdefizite die Grundlagen des Weltfinanzsystems unterminieren;

- eine fortschreitende Segmentierung des Weltmarkts. Zum Beispiel bei Rohstoffen: Da die USA den freien Handel mit Öl oder Metallen zunehmend regulieren und auch unterbinden, versuchen Staaten, exklusive und langfristige Geschäftsverbindungen aufzubauen.

Diese politökonomische Segmentierung und partielle Abschottung ist auch in Europa zu beobachten – in der Blockadehaltung der EU vor der WTO, im Versuch Europas, eine eigenständige ›Rohstoffaußenpolitik‹ zu entwickeln, aber auch auf dem Feld der Unternehmensbeteiligungen. Zunehmend versuchen insbesondere die mächtigen Staaten der EU, eigene Unternehmen vor dem Zugriff des Auslands zu schützen. Dabei ging es in der Vergangenheit keineswegs um den Schutz vor Staatsfonds aus Schwellenländern, sondern um unerwünschte Investitionen aus so genannten befreundeten Staaten. Zwischen den Industrieländern greift ein zunehmender ›Wirtschaftspatriotismus‹ um sich. »Governments have intervened in financial markets so as to block or modify cross-border mergers involving prominent domestic firms. Attempts to subsidise national champions or to recapitalise and bail out national losers are common« (Ifo-Institut 2007; hier finden sich zahlreiche Beispiele. Vgl. auch Wruuck 2006). Auch der Bundesverband der Deutschen Industrie klagt: »In zahlreichen Ländern hat die politische Einfluss-

---

78 Ebenda, S. 102

nahme auf ausländische Direktinvestitionen zugenommen. Hintergrund sind einerseits Befürchtungen, dass von bestimmten ausländischen Investoren Risiken ausgehen können, und andererseits Bestrebungen, bestimmte strategische Industrien oder einzelne nationale Champions vor ausländischen Übernahmen schützen zu wollen« (BDI 2007a, 2).

Die Reaktion Deutschlands
Insofern fügt sich die Staatsfonds-Debatte in Deutschland ein in andere ›wirtschaftspatriotische‹ Diskussionen der jüngsten Vergangenheit:

- So kritisierte die Bundesregierung die spanische Regierung heftig dafür, dass sie den Kauf des Energieversorgers Endesa durch die deutsche Eon verhinderte – und dabei gegen EU-Recht verstieß.

- Im Februar 2008 entspann sich eine Debatte um die deutschen Energienetze. Der Energiekonzern Eon wollte auf Druck der EU seine Fernleitungsnetze verkaufen. Die Bundesregierung dagegen wollte sicherstellen, dass die Netze unter nationaler Hoheit verblieben.

- Im März 2008 teilten die EADS-Hauptanteilseigner Deutschland und Frankreich mit, sie wollten den Schutz vor unerwünschten Beteiligungen des Auslands an dem europäischen Luftfahrt- und Rüstungskonzern weiter stärken, unter Umständen durch die Einführung von ›goldenen Aktien‹ (FTD 7.3.2008).

- Angesichts des geplanten Ausstiegs aus der Kernenergie und den zunehmenden Protesten von Umweltschützern gegen neue Kohlekraftwerke in Deutschland mahnte der Vorstandschef des deutschen Versorgers RWE Power, dass die Forderung der Umweltverbände nach einer Fokussierung nur auf Gaskraftwerke mit einem »hohen Preis verbunden sei: Die Abhängigkeit zum Beispiel von russischen Lieferungen steigt dann enorm, mit den entsprechenden Risiken für die Versorgungssicherheit und die Strompreise« (Berliner Zeitung 25.2.2008).

- Jahrzehntelang schützte den Autobauer Volkswagen das so genannte VW-Gesetz, dass dem Land Niedersachsen mit seinem 20,3-prozentigen Anteil ein Vetorecht in allen bedeutenden Angelegenheiten gab. Da das Gesetz EU-Recht widerspricht, soll es nach langem Widerstand abgeschafft werden. Doch bleibt Volkswagen weiter von ausländischem Einfluss abgeschirmt: Mit politischer Unterstützung übernahm der deutsche Autokonzern Porsche die Mehrheit an VW. Zudem bemühte sich die Bundesregierung im Frühjahr 2008, Teile des VW-Gesetzes und des staatlichen Einflusses auf VW zu erhalten, um sich gegen den erklärten Willen der EU ein Veto-Recht bei wichtigen Entscheidungen zu sichern.

Mit der Verschärfung der Bestimmungen im Außenwirtschaftsgesetz errichtet die Bundesregierung nicht nur neue Hürden für Investitionen durch Staatsfonds aus Schwellenländern. Die Bestimmungen gelten für *jeden* ausländischen Investor[79], wobei EU-Staaten ausgenommen wurden, wohl um Gegenreaktionen zu ver-

---

79 »While the step is a reaction to the rapid growth of sovereign wealth funds, it also allows for action to thwart bids by private companies« (Bloomberg News 10.4.2008).

meiden. Schließlich ist die EU Hauptziel deutscher Investitionen. Die deutsche Politik ergreift Maßnahmen, »um einer Gefährdung durch Staatsfonds und *ausländische Beteiligungen* entgegen zu treten. Dies ist nachvollziehbar, zumal andere Länder bereits Prüf- und Einspruchsrechte etabliert haben« (BDI 2007b, 3. Hervorhebung S. K.).

Nicht nur wird damit die deutsche Regierung frei, im Interesse der »öffentlichen Ordnung und Sicherheit der Bundesrepublik« staatliche wie private Beteiligungen aus den meisten Ländern zurückzuweisen. Gleichzeitig erteilt sie sich – analog zu den CFIUS-Bestimmungen in den USA – eine Art Freibrief. Denn die weiche Formulierung der Schutzbestimmungen legt die Behörden bei der Beurteilung einer ausländischen Investition nicht fest. So nannte der ehemalige Vorsitzende der Monopolkommission, Wernhard Möschel, »die öffentliche Ordnung und Sicherheit der Bundesrepublik« die »unbestimmtesten Rechtsbegriffe, die man sich vorstellen kann« (FAS, 2.12.2007). Wenn der BDI klagt, dass »in der bisherigen Diskussion (um Staatsfonds) in Deutschland der Eindruck (entsteht), dass weder die vorhandenen Risiken schon genau identifiziert sind, noch die zu schützenden ›nationalen Interessen‹ ausreichend klar definiert wurden« (BDI 2007a, 2), so liegt vermutlich genau in dieser Unklarheit der Witz.

Mit der AWG-Novelle schützt die Bundesregierung aber nicht nur deutsche Unternehmen vor unerwünschtem ausländischem Zugriff. Gleichzeitig will sie sich so ihre weltpolitische Handlungsfreiheit bewahren – auch und gerade gegenüber mächtigen Staaten. So warnt Hessens Ministerpräsident Roland Koch davor: »Wenn ein Unternehmen wie Gazprom, das unmittelbar der Weisung des russischen Präsidenten untersteht, von der Erdgasquelle bis zum Verteilerhahn in jedem Haushalt in Deutschland die gesamte Kontrolle hätte, dann könnte Russland dies auch als Waffe einsetzen. Dann könnte die Bundeskanzlerin nicht mehr so frei mit dem russischen Präsidenten umgehen, wie sie es bisher getan hat« (zitiert nach Capital 26.10.2007).

Neben diesen *defensiven* Schutzmaßnahmen haben die Diskussion um Staatsfonds und die Forderungen an die Schwellenländer eine sehr *offensive* Komponente: Der Zugang der Schwellenländern zu deutschem Produktivvermögen wird einerseits – zumindest potenziell – eingeschränkt; andererseits dient die öffentlich geäußerte Warnung vor der Bedrohung durch Staatsfonds dem Ziel einer Öffnung ausländischer Kapitalmärkte. Unter dem Titel ›Reziprozität‹ wird darauf gedrungen, dass gerade Länder wie China, Russland, Indien oder die Ölförderer ihre bislang abgeschirmten Unternehmen deutschem Kapital zugänglich machen. »Es kann nicht sein, dass Unternehmen, die in ihren eigenen Märkten staat-lichen Schutz genießen, sich in freien Märkten wie dem deutschen einkaufen« (Eon-Chef Wulf Bernotat in: Süddeutsche Zeitung 12.12.2007). Das sieht man auch in Frankreich so: »Ich akzeptiere nicht, dass bestimmte Staatsfonds hier alles kaufen dürfen, während unsere eigenen Kapitalisten in ihren Ländern nicht investieren dürfen«, sagte Frankreichs Staatspräsident Nicolas Sarkozy (Reuters 13.1.2008).

Die Schwellenländer sollen sich also genau jener Schutzmechanismen begeben, die die Industrieländer ihrerseits in ihrer Frühphase selbstverständlich in Anspruch genommen haben.

Das Thema ›Investitionsfreiheit‹ bestimmte bereits das G8-Treffen in Heiligendamm im Juni 2007. Im Schlussdokument heißt es:»Schwellenländer profitieren erheblich von ausländischen Direktinvestitionen, während sie zugleich immer mehr als Ursprungsländer ausländischer Direktinvestitionen in Erscheinung treten. Wir sehen die Notwendigkeit und die Chance, auf gleiche Wettbewerbsbedingungen für alle Investoren hinzuarbeiten. Die Unternehmen aus den G8-Staaten, die in Schwellenländern investieren, erwarten das gleiche offene Investitionsumfeld wie die Unternehmen aus diesen Ländern, die in den G8-Staaten investieren« (G8 2007, 7). Wenn die Industriestaaten also im Zuge der Staatsfonds-Debatte die OECD beauftragen, Grundprinzipien eines globalen Investitionsregimes zu erarbeiten, dann scheint dahinter nichts anderes zu stehen als ein neuer Versuch, die Einführung des *Multinationales Abkommen über Investitionen* (MAI) wiederzubeleben[80].

Das ist also die Lage: Keineswegs sind ›wir‹ umzingelt von aufstrebenden, undemokratischen Schwellenländern, die ›unsere‹ Unternehmen aufkaufen, um darüber ›uns‹ ihren Willen aufzuzwingen, wogegen ›wir‹ uns wehren müssen. Vielmehr versucht die Bundesregierung, über die Einhegung der neuen Konkurrenten, über den Schutz vor ausländischen Investitionen, über selektive Abkommen mit Staaten und über die Forderung nach weltweiter Freiheit für deutsche Unternehmen Deutschlands Position im verschärften Wettbewerb um die globalen Profitquellen zu verbessern. Bezüglich der Staatsfonds ergänzen Deutschland und andere Industriestaaten ihre Konkurrenz um die Milliarden der Schwellenländer[81] um selektive Mechanismen zum Schutz vor diesen Schwellenländern. Denn die Regierungen in Europa und Amerika wissen, dass ihre Konzerne eine bestimmte Kapitalgröße erreichen müssen, um auf dem Weltmarkt konkurrieren zu können. Dies kann häufig nur über Beteiligungen, Fusionen oder Übernahmen, also über Kapitalkonzentration geschehen. Dabei soll jedoch sichergestellt werden, dass das neue Unternehmen die richtige Nationalität hat. Denn die Politik weiß, dass die

---

80 Das MAI scheiterte in den neunziger Jahren, da es einigen Regierungen zu stark in die staatliche Souveränität eingriff. Das Abkommen hätte die Position von Investoren in jedem MAI-Staat deutlich gestärkt.

81 Insbesondere für die Euro-Zone könnte der Kapitalzufluss interessant sein, konkurrieren doch nicht nur Unternehmen um Kapital, sondern auch Währungszonen. Allgemein gilt: Je mehr Kapital eine Währung auf sich ziehen kann, umso stärker ist sie. Insofern dürfte der Kapitalfluss aus den Schwellen- und Entwicklungsländer den Euro gegenüber dem Dollar stärken – und zwar nicht nur quantitativ (Wechselkurs), sondern qualitativ, also im Kampf um die Stellung der Welt-Leitwährung. Schließlich ist einer der Ausgangspunkte für die Gründung von SWF der Befund seitens der Schwellenländer, dass sie zu große Anteile ihrer Reserven in US-Dollar-Anlagen, spezielle US-Staatsanleihen, gesteckt haben. »Nun wollen einige Länder Dollar abstoßen und sich stattdessen Euro in den Tresor legen. Was wie eine unschuldige Finanztransaktion aussieht, ist jedoch ein Angriff auf die einzigartige Stellung des US-Geldes – und auf einen tragenden Pfeiler der amerikanischen Weltmacht. ›Erstmals seit vielen Jahrzehnten wird ernsthaft darüber debattiert, ob der US-Dollar auch künftig die internationale Währung Nummer eins bleiben wird‹, sagte Werner Becker von Deutsche Bank Research« (Berliner Zeitung 23.7.07).

Frage der Nationalität eines Unternehmens auch in Zeiten der Globalisierung nicht
obsolet geworden ist. Im verschärften Weltwirtschaftskrieg widerrufen die Regierungen selber ihr neoliberales Dogma, wonach in Zeiten weltweiten Wettbewerbs die Nation machtlos ist.

Literatur

Andreae, Kerstin (2007). Die ökonomischen Hintergründe der Staatsfondsdebatte. Berlin. 2007.
www.gruene-bundestag.de/cms/wirtschaft/dokbin/215/215338.hintergrund_staatsfondsdebatte.pdf

Bandholz, Harm (2007). Petro-Dollars – Where Do They Flow? HypoVereinsbank Economic Analysis. München. 26.2.2007.

Baumberger, Jörg (2008). Macht und Ohnmacht von Staatsfonds. Neue Zürcher Zeitung. 26.2.2008. www.nzz.ch/magazin/dossiers/macht_und_ohnmacht_von_staatsfonds_1.678315.html

Becker, Werner (2007). Euro riding high as an international reserve currency. Deutsche Bank Research. Frankfurt am Main. Mai 2007.

Blume, Anna / Kaufmann, Stefan (2007a): … denn sie wissen, was sie tun. AK 515. 16.3.2007. Hamburg.

Dies. (2007b): Mein Öl, mein Zink, mein Gold – mein Markt. AK 516. 20.4.2007. Hamburg. www.akweb.de/ak_s/ak516/25.htm

Dies. (2007c): Klare Bekenntnisse aus Heiligendamm. AK 518. 22.6.2007. Hamburg.

Broadman, Harry G. (2007). Africa's Silk Road – China and India's New Economic Frontier. The International Bank for Reconstruction and Development. The World Bank. Washington. 2007.

Buchensteiner, Jochen (2006): Neue Kräfte in Asien – Rückwirkungen für Europa. Diskussionspapier der Bertelsmann Stiftung. Gütersloh 2006.

Bundesverband der Deutschen Industrie (BDI) (2007a). Investitionsfreiheit bewahren. BDI-Positionspapier. Berlin. 15.8.2007. www.bdi-online.de/de/fachabteilungen/932.htm

BDI (2007b). Fünf Fragen zu Investitionsfreiheit und ausländischen Staatsfonds. 15.8.2007. Berlin. www.bdi-online.de/Dokumente/Auenwortschaftspolitik/Erklaerung_BDI_BdB_GDV_17_Oktober.pdf

CDU (2007). In Chancen denken – Strategische Standortpolitik im 21. Jahrhundert. Hannover. Dezember 2007. http://www.cdu.de/doc/pdfc/071022-beschluss-strategische-standortpolitik.pdf

Davies, Steven (2007). Sovereign Wealth Funds: Kernfragen für Gewerkschafter. Bericht für Uni Global Union. Cardiff. September 2007. www.union-network.org

Davis, Jeffrey, Ronaldo Ossowski, James Daniel, Steven Barnett (2001). Stabilization and Savings Funds for Nonrenewable Resources. IMF Occasional Paper 205. International Monetary Fund. Washington. 2001.

Deutsche Bundesbank (2008). Monatsbericht März 2008. Frankfurt am Main.

Deutsches Institut für Wirtschaftsforschung (DIW) (2007a): Die Welt-Metallmärkte 2004 bis 2006: Versorgungsengpässe und Rekordpreise durch Chinas Rohstoffhunger. DIW-Wochenbericht 4/2007. Berlin.

DIW (2007b). Russland: Energieeffizienz und Klimaschutz kommen zu kurz. DIW-Wochenbericht 49/2007. Berlin.

Dooley, M./Folkerts-Landau, D./ Garber, P. (2006). The Two Crisis of International Economics. Juni 2007. NBER Working Paper No W13197. Cambridge MA. http://ssm.com/abstract=997553

Dyck, Steffen (2008). Chinas Rohstoffhunger: Nach Öl und Kupfer nun Milch und Getreide. Deutsche Bank Research 11.2.2008. Frankfurt am Main.

Economist (2007a).The world's most expensive club. London. 24.5.2007.

Economist (2007b). Governments go shopping. London. 26.7.2007.

EU-Kommission: Staatsfonds und Stabilität der Finanzmärkte: Vorschläge der Kommission an den Europäischen Rat. Pressemitteilung vom 27.2.2008. Brüssel.

Fasano, Ugo (2000). Review of the experience with oil stabilization and savings funds in selected countries. IMF Working Papers, WP/00/112. International Monetary Fund. Washington. Juni 2000.

Fritz, Thomas (2006). ›Wehrhafter Westen‹. Wie ein transatlantisches Partnerschaftsabkommen die unipolare Welt gegen China verteidigen soll. Blue 21 Arbeitspapier. Berlin. November 2006.

Fuchs, Peter (2007). ›Global Europe‹ – die neue Strategie der Europäischen Union zur externen Wettbewerbsfähigkeit. Berlin. Januar 2007.

G7 (2007). Statement of G7 Finance Minsters and Central Bank Governors. Washington. 19.10.2007. http://treas.gov/press/releases/hp625.thm

G8 (2007): Wachstum und Verantwortung in der Weltwirtschaft. Erklärung zum G8-Gipfel 2007 in Heiligendamm. www.g-8.de

Garten, Jeffrey (2007). We need rules for sovereign funds. Financial Times 8.8.2007. London.

Gerhard, Sebastian (2008). Shoppen an der Wall Street. Lunapark 1/2008. Berlin.

Gnath, Katharina (2007). Die unbekannte Macht der Staatsfonds. DGAP-Standpunkt. Berlin. Oktober 2007.

Götz, Roland (2007). Russlands Staatsfonds und die westliche Staatsfondsdebatte. Stiftung Wissenschaft und Politik. SWP-Aktuell 68. Berlin. Dezember 2007.

Gräf, Bernhard (2007). US current account deficit: No reason to panic! Deutsche Bank Research. Frankfurt am Main. Juli 2007.

Hefeker, Carsten (2007). Stabilität und Regulierung der internationalen Finanzmärkte. WSI-Wirtschaftsdienst 4/2007, 215-219. Düsseldorf. 2007.

Hirn, Wolfgang (2007). Angriff aus Asien. Eindringling im amerikanischen Hinterhof. Manager-Magazin. 20.8.2007. www.manager-magazin.de/unternehmen/artikel/0,2828,498314,00.html

Hüther, Michael (2008). Gute Gründe für Offenheit. Handelsblatt 15.2.2008. Düsseldorf.

Ifo-Institut (2007). Economic Nationalism in: EEAG-Report on the European Economy. München. 2007.

International Monetary Fund (2007). Global Financial Stability Report – Market Developments and Issues. Washington. April 2007.

Jen, Stephen (2007a): Russia: The Newest Member of the ›SWF-Club‹. Morgan Stanley Research Global. New York. 2007

Jen, Stephen (2007b): How Big Could Sovereign Wealth Funds Be by 2015? Morgan Stanley Research Global. New York. 2007. http://www.morganstanley.com/views/perspectives/files/soverign_2.pdf

Johnson, Simon (2007). The Rise of Sovereign Wealth Funds. Finance & Development Vol. 44, Nr. 3. Washington. September 2007. http://imf.org/external/pubs/ft/fandd/2007/09/straight.htm

Johnson-Calari, Jennifer (2007). Managing commodity revenues and windfall profits: investment income funds, in: Sovereign Wealth Management. Central Banking Publications. London. 2007.

Kamp, Matthias (2008). Großer Frust. Wirtschaftswoche Nr.7. 11.2.2008.

Kern, Steffen (2007). Staatsfonds – Staatliche Auslandsinvestitionen im Aufwind. Deutsche Bank Research. Aktuelle Themen. 18.12.2007. Frankfurt am Main.

Kudatgobilik, Zeynep (2008). Golf-Kooperationsrat – eine neue ›Soft power‹ mit großem Einfluss auf die Finanzmärkte. Deutsche Bank Research. Aktueller Kommentar. Frankfurt am Main. 18.2.2008.

Lynn, Matthew (2007). Sovereign Funds Pose little Risk to World Economy, Bloomberg News 31.10.2007.

Mildner, Stormy/Husar, Jörg (2007). Indien, Brasilien und Südafrika in der Doha-Runde. Diskussionspapier der Stiftung Wissenschaft und Politik. Berlin Oktober 2007. www.swp-berlin.org

Mildner, Stormy/Silva-Garbade, Caroline (2007). Die Weltwirtschaft ist auf starke multilaterale Organisationen angewiesen. EINS Entwicklungspolitik Informationen Nord-Süd. 8.9.2007. www.entwicklungspolitik.org/home/08-09-007-1/?type=98

Müller, Henrik / Student, Dietmar (2007). Generation Golf II. Manager-Magazin 6/2007.

Mukherjee, Andy (2007). Sovereign Funds Bring Political Leverage. Bloomberg News. 22.10.2007.

OECD (2006a). OECD's FDI regulatory restrictiveness index: revisions and extension to more economies. OECD. Paris. Dezember 2006.

OECD (2006b). Trends and recent developments in FDI. International Investment Perspectives. OECD. Paris. 2006.

Rietveld, Malan/Robert Pringle (2007). The evolution of sovereign wealth management.
In Sovereign Wealth Management. Central Banking Publications. London. 2007.

Scherpenberg, Jens v. (2006). Vormarsch des Wirtschaftsnationalismus. SWP-Aktuell 15. Berlin. März 2006. www.swp-berlin.org

Scherpenbert, Jens v. (2007). Wirtschaftliche Macht als Instrument der Außenpolitik – die Politik der USA gegenüber Auslandsinvestitionen. Berlin. 2007. http://www2.christine-scheel.de/uploads/skript_jensvonscherpenberg.doc

Steingart, Gabor (2007). Weltkrieg um Wohlstand. München. 2007.

Summers, Lawrence H. (2007). Opportunities in an era of large and growing official wealth. In Sovereign Wealth Management. Central Banking Publications. London. 2007.

Ders. (2007b). Sovereign Funds shake the logic of capitalism. Financial Times, 30.7.2007.

Trinh, Tamara (2006). China's commodity hunger – Implications for Africa and Latin America. Deutsche Bank Research. Frankfurt am Main. Juni 2006.

Truman, Edwin S. (2007). The Management of China's International Reserves: China and a SWF Scoreboard. Paper prepared for Conference on China's Exchange Rate Policy. Peterson Institute for International Economics. Washington. Oktober 2007. www.iie.com/publications/papers/truman1007swf.pdf

UNCTAD (2006). World Investment Report 2006. UNCTAD. Genf. 2006.

UNCTAD (2007). World Investment Report 2007. UNCTAD. Genf. 2007.United States General Accounting Office (1996). Foreign Laws and Policies Addressing
National Security Concerns. United States General Accounting Office. Washington.

United States General Accounting Office (1995). Implementation of Exon-Florio and Related Amendments. United States General Accounting Office. Washington.

Wruuck, Patricia (2006). Wirtschaftspatriotismus. Neue Spielart der Industriepolitik? Deutsche Bank Research. EU-Monitor 35. Frankfurt am Main 9.5.2006.